Ricardo Azevedo

Cultura da Terra

Projeto gráfico e ilustrações do autor

São Paulo, 2008
1ª edição

DE ACORDO COM AS NOVAS NORMAS ORTOGRÁFICAS

© RICARDO AZEVEDO 2008

COORDENAÇÃO EDITORIAL	Maristela Petrili de Almeida Leite
EDIÇÃO DE TEXTO	Erika Alonso
COORDENAÇÃO DE PRODUÇÃO GRÁFICA	Ricardo Postacchini, Dalva Fumiko N. Muramatsu
COORDENAÇÃO DE REVISÃO	Estevam Vieira Lédo Jr.
REVISÃO	Ana Paula Munhoz Figueiredo
ORGANIZAÇÃO DAS RECEITAS	Maria Jordan Azevedo
EDIÇÃO DE ARTE	Ricardo Postacchini
PROJETO GRÁFICO E ILUSTRAÇÕES DE MIOLO E CAPA	Ricardo Azevedo
DIAGRAMAÇÃO	Maria Jordan Azevedo, Camila Fiorenza Crispino
COORDENAÇÃO DE BUREAU	Américo Jesus
PRÉ-IMPRESSÃO	Helio P. de Souza Filho, Marcio H. Kamoto
COORDENAÇÃO DE PRODUÇÃO INDUSTRIAL	Wilson Aparecido Troque
IMPRESSÃO E ACABAMENTO	PlenaPrint
LOTE	293296

Dados Internacionais de Catalogação na Publicação (CIP)
(Câmara Brasileira do Livro, SP, Brasil)

Azevedo, Ricardo
  Cultura da terra / Ricardo Azevedo ; projeto gráfico e ilustrações do autor. — 1. ed. — São Paulo : Moderna, 2008.

  ISBN 978-85-16-05730-5

  1. Brasil - Cultura popular 2. Cultura popular 3. Literatura infantojuvenil I. Título.

07-8952   CDD-028.5

Índices para catálogo sistemático:
  1. Brasil : Cultura popular : Literatura infantojuvenil   028.5
  2. Brasil : Cultura popular : Literatura juvenil   028.5

Reprodução proibida. Art.184 do Código Penal e Lei 9.610 de 19 de fevereiro de 1998.

Todos os direitos reservados

EDITORA MODERNA LTDA.
Rua Padre Adelino, 758 - Belenzinho
São Paulo - SP - Brasil - CEP 03303-904
Vendas e Atendimento: Tel. (11) 2790-1300
Fax (11) 2790-1501
www.modernaliteratura.com.br
2021
Impresso no Brasil

"Quem se aproxima do povo desce às raízes e fontes da vida."
Gilberto Freyre

"O que há bastante, na cultura do povo, é sentido de vida. Pode ser que falte alguma coisa. Vida é o que não falta. E vida no sentido de trabalho, criação, compaixão, ódio, amor, remorso, resignação, fatalismo, assombro, assombração, feitiço, encantamento, paganismo, companheirismo, movimento, luta, revolta. É assim que a vida se transforma em liberdade. É assim que se movimentam as gentes e as coisas, as ideias e as criações. Transformada em liberdade, a vida funda a cultura, a inventiva, o milagre da criação."
Octavio Ianni

SUMÁRIO

Prefácio	9
REGIÃO SUL	**11**
Quadras populares	12
O zorro, o lagarto e o gambá	15
Adivinhas	18
A mangona e o pescador	21
Monstrengos	25
Melancia e Coco Verde	29
Ditados	33
Receitas	34
REGIÃO SUDESTE	**35**
Quadras populares	36
Trapalhadas do Zé Bocoió	39
Adivinhas	42
A filha encantada do fazendeiro	45
Monstrengos	49
Compadre rico e compadre pobre	53
Ditados	61
Receitas	62

REGIÃO CENTRO-OESTE   63
Quadras populares   64
A macacada e o cavalo pangaré   67
Adivinhas   70
João Forçudo   73
Monstrengos   79
João e Maria   83
Ditados   89
Receitas   90

REGIÃO NORDESTE   91
Quadras populares   92
O saco cantador   95
Adivinhas   102
João Cinzento   105
Monstrengos   109
O vaqueiro que nunca mentiu   113
Ditados   117
Receitas   118

REGIÃO NORTE   119
Quadras populares   120
A onça e o veado   123
Adivinhas   126
A mulher, a onça e o sapo   129
Monstrengos   133
A moça que queria marido   137
Ditados   141
Receitas   142

Respostas das adivinhas   143

PREFÁCIO

O Brasil é um país imenso cheio de gente que viaja para lá e para cá. Muitas pessoas saem do Nordeste para viver no Pará, Santa Catarina, Tocantins, Rio de Janeiro, Rondônia, Amapá, Goiás e outros lugares. Famílias inteiras partem da região Sul e vão morar no Ceará, Maranhão, Pernambuco ou Amazonas. Tem gente nascida em São Paulo ou Minas Gerais em quase todos os estados brasileiros. Muitos paranaenses, baianos, alagoanos, capixabas, sergipanos, cariocas e acrianos fazem a mesma coisa. Essas pessoas sempre partem com o sonho de construir uma vida melhor. Além de roupas e objetos pessoais, levam na bagagem sua cultura regional, ou seja, suas tradições, seu jeito de falar, as lembranças, as histórias que ouviram na infância, os versinhos e as adivinhas que aprenderam com os avós, as crenças, as brincadeiras e até o modo de preparar as comidas.

É preciso lembrar que boa parte dessas tradições veio de longe, de Portugal, da África, de outros países da Europa e até da Ásia. Mas também veio de perto: das culturas de nossos vários povos indígenas. No fundo, a chamada cultura popular brasileira é formada por várias e várias culturas regionais (nunca esquecendo que numa mesma região convivem diversas culturas), nascidas, basicamente, a partir de tradições europeias, africanas e indígenas, espalhadas e misturadas pelo país afora. Isso faz com que seja possível ouvir a mesma história no Rio Grande do Norte e no Rio Grande do Sul. Encontrar pessoas preparando um típico prato mineiro em Roraima ou no Piauí. Ou assistir a uma dança gaúcha em pleno Mato Grosso. Ou a uma cantoria paraibana nas ruas de São Paulo. Essa maravilhosa misturança cultural é o Brasil. Por causa dela, nosso país tem a unidade que tem, fala a mesma língua e se entende tão bem.

O livro Cultura da terra foi criado a partir de uma extensa pesquisa bibliográfica. Contou também com a colaboração generosa de pessoas que vivem em diferentes Estados. A obra foi dividida em contos, adivinhas, monstrengos, quadras e receitas, separados por regiões. Mas não pretende afirmar que sejam exclusivos das mesmas até porque, considerando tantas culturas, tantas viagens e tantos viajantes, essa exclusividade simplesmente não existe. Nosso livro promete ser, isso sim, uma pequena amostra, um passeio pela paisagem enorme, rica, encantadora, preciosa e instigante da cultura criada, recriada e cultivada pela gente da nossa terra.

O autor

Ricardo Azevedo, escritor e ilustrador paulista, é autor de mais de cem livros para crianças e jovens, entre eles: *Um homem no sótão, Histórias de bobos, bocós, burraldos e paspalhões, Lúcio vira bicho, Trezentos parafusos a menos, Armazém do folclore, Ninguém sabe o que é um poema, A hora do cachorro-louco, Chega de saudade* e *Araújo & Ophélia*. Tem livros publicados na Alemanha, Portugal, México, Holanda e França. Entre outros prêmios, ganhou quatro vezes o Jabuti. Doutor em Letras (USP) e pesquisador na área da cultura popular. Para saber mais, visite o *site* do escritor: www.ricardoazevedo.com.br

REGIÃO SUL

QUADRAS POPULARES

Da parreira nasce a uva,
Da uva se faz o vinho,
Se teu peito é uma gaiola,
Quero ser teu passarinho.

Quem tem pinheiro tem pinha,
Quem tem pinha tem pinhão,
Quem tem amor tem carinho,
Carinho no coração.

Lá vem lá o sol entrando,
Redondo feito um vintém.
Menina me dá um beijo,
Que eu não conto pra ninguém.

Menina, case comigo,
Que trabalhador eu sou,
Com sol eu não vou à roça,
Com chuva também não vou.

Bradei a semana inteira,
Mas tu não veio e nem vem,
E dia e noite eu te espero,
Como quem teve e não tem.

Cara lavada na bica,
Água fervente na trempe[1],
Mate na cuia e adepois
Outra cuiada mais quente.

1. Suporte de ferro de três pés para apoiar panelas sobre o fogo.

Dizem que o mate afoga
As mágoas do coração,
Mate sobre mate tomo,
E as mágoas boiando vão.

Montei meu cavalo zaino[2],
Vermelho cor de pinhão,
Fui à casa da morena,
Nem me deu um chimarrão!

Não há sábado sem sol,
Nem noiva sem ter lençol,
Nem domingo sem ter missa,
Nem segunda sem preguiça.

Não há desgraça no mundo
Que não veja outra maior,
Nem coisa boa se encontra
Que não haja outra melhor.

De manhã encilho[3] o pingo,
Solto o poncho estrada afora,
Canta o galo, chora a china[4],
Que o gaúcho vai-se embora.

Vou fazer a despedida,
Que fez o cachorro magro,
Comeu, encheu a barriga,
Saiu abanando o rabo.

---

2. Cavalo sem manchas.
3. O mesmo que colocar arreios.
4. Mulher descendente de índios.

O ZORRO, O LAGARTO E O GAMBÁ

O zorro é um tipo de cachorro-do-mato que costuma habitar as matas em volta de estâncias e fazendas. Vive de atacar a criação, bezerros, filhotes de carneiro, porcos, coelhos e galinhas. Acontece que, por causa do inverno, as coisas andavam muito difíceis. O frio chegou de cortar a pele e os estancieiros acharam melhor abrigar os animais em estrebarias e cercados. Com a criação protegida, o zorro ficou sem ter o que comer e resolveu procurar o gambá. Veio com um convite:

— Vamos sair por aí pra ver se a gente arruma um pouco de comida?
O gambá sempre foi bicho preguiçoso. Respondeu:
— Agora não dá.
— Não dá por quê? — perguntou o cachorro-do-mato.
— Estou aqui pensando na vida — respondeu o gambá.
— Mas e a fome? — quis saber o zorro.
E o gambá:
— Quem disse que estou com fome?
O zorro não gostou:
— Larga a mão de ser mentiroso! Vai ser preguiçoso assim lá longe! Vou arrumar comida e pra ti não vou dar nada!
O gambá sorriu sacudindo os ombrinhos.
O zorro resolveu procurar o lagarto. Veio com o mesmo convite:
— Vamos sair por aí pra ver se a gente arruma um pouco de comida?
O lagarto estava parado no alto de uma pedra, tentando tomar um pouco de sol.
— Vamos — respondeu ele.
Os dois andaram, andaram, andaram e encontraram uma casa de marimbondos cheinha de mel.
— Zorro — disse o lagarto —, vê se tu te escondes por aí enquanto eu espanto a marimbondada.
— Mas não é perigoso? — perguntou o zorro.
— Marimbondo não consegue picar pele de lagarto — explicou o outro.

O cachorro-do-mato ficou espiando atrás da moita. O lagarto deu uma rabanada no marimbondeiro. Os bichos saíram zumbindo e metendo ferroada. O lagarto deu risada. Depois de sete rabanadas, os marimbondos, assustados, decidiram abandonar a casa.

Foi quando, de surpresa, o gambá apareceu, desceu de uma árvore, catou a casa de marimbondo e fugiu correndo. Ficou no alto do galho, dando risada e enchendo a pança de mel.

O cachorro-do-mato ficou danado da vida.

— Um dia eu te pego! — ameaçou ele.

O zorro conhecia o caminho que o gambá costumava fazer.

No outro dia foi até lá, deitou-se na estrada e ficou quieto, com as canelas esticadas, fingindo que tinha morrido.

Lá pelo fim da tarde, o gambá apareceu e, ao ver o cachorro-do-mato caído no meio do caminho, tomou um susto. Mas também ficou desconfiado.

Chegou perto, farejou, examinou bem, piscou o olho e exclamou:

— Gente que nunca morreu tá morrendo!

O cachorro-do-mato não disse nem uma nem duas.

O gambá chegou mais perto:

— Será que o zorro morreu de morte morrida ou de morte matada?

E continuou:

— Quando meu pobre avô morreu, soltou três puns.

Pensando que ia enganar o gambá, o zorro soltou três tristes puns.

O gambá pulou para trás, trepou numa árvore bem alta e gritou:

— Quem morreu não solta pum! Quem morreu não solta pum!

O cachorro-do-mato ficou mais danado ainda.

— Um dia eu te pego! — ameaçou ele.

Tempos depois, o zorro teve outra ideia. Foi ao lugar onde o gambá costumava beber água e começou a juntar um monte de cipó.

O gambá apareceu para matar a sede. Ficou curioso.

— Juntando cipó pra quê? — quis saber ele.

O cachorro-do-mato fez cara de medo.

— Bah, tu não soubeste? Parece que o tempo vai piorar. Além do frio, da geada e da chuva, vem aí um pé de vento que deve levar tudo pelos ares!

— Pé de vento?

O zorro mentiu. Contou que, nos lugares onde o tal pé de vento tinha passado até jumento, cavalo e boi gordo levantaram voo.

— Barbaridade! — exclamou o gambá.

Enquanto isso, o cachorro-do-mato começou a se amarrar num tronco de árvore.

— Pra que isso? — perguntou o gambá, com voz aflita.

— Mas! Vou me amarrar no tronco pro pé de vento não me levar!

O gambá desceu da árvore apavorado.

— Por favor, amigo zorro, me amarra primeiro que eu sou levinho e o pé de vento me mata!

Era o que o cachorro-do-mato mais queria.

Prendeu o gambá bem preso e chamou o lagarto. Os dois então pegaram varas de bambu e bateram, bateram e bateram.

ADIVINHAS

1) O que é, o que é?
Enfrenta o sol e a chuva,
Protege do vento frio,
De boca pra baixo é cheio,
De boca pra cima é vazio?

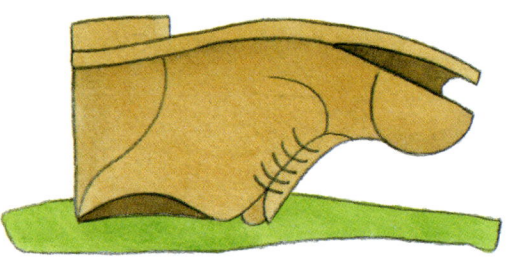

2) O que é, o que é?
Pra dançar eu botei capa,
Pra dançar, capa tirei,
Eu nunca dancei sem capa,
Com capa eu nunca dancei?

3) O que é, o que é?
Campo grande,
Gado miúdo,
Menina faceira,
Rapaz cabeludo?

4) O que é, o que é?
Verde foi meu nascimento,
De branco depois me cobri,
Por ser este o meu destino,
Virei fumaça e me sumi?

5) O que é, o que é?
São três irmãs numa casa,
Uma foge sem querer,
Uma quer ir e não pode,
Outra fica até morrer?

6) O que é, o que é?
Com F eu vivo robusto,
Com S eu tenho prazer,
Com C eu sou agonia,
Com M eu quero morrer?

7) O que é, o que é?
Vamos ver quem diz agora,
Não me venha com depois,
O que é que você tem um,
O que é que todos têm dois?

8) O que é, o que é?
Uma meia meio feita,
Outra meia por fazer,
Diga lá, minha menina,
Quantas meias vêm a ser?

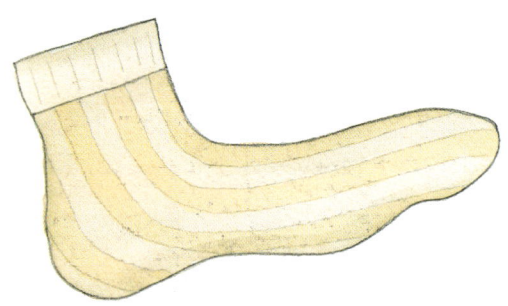

9) O que é, o que é?
Meu nome é ta,
Sobrenome tu,
Camisa rasgada,
E chicote nu?

10) O que é, o que é?
Sua vida é o inverso,
É sempre grande ao nascer,
Mas depois de escrever versos,
Bem pequeno vai morrer?

A MANGONA E O PESCADOR

Naquela tarde, como sempre, o pescador atracou o barco e foi andando pela praia na direção de sua casa. A pescaria andava muito fraca. Parecia até que os peixes tinham fugido para outro oceano. No caminho, encontrou um filhote de mangona atolado na areia.

A primeira ideia do pescador foi matar o peixe. Naquele dia ele ainda não tinha conseguido pescar nada.

Quando puxou a faca, o filhote de mangona pediu:

— Não me mates, por favor! Sou jovem e tenho uma vida inteira pela frente!

— Sinto muito — respondeu o pescador. — E eu sou pobre, estou sem comida e não quero voltar pra casa de mãos abanando.

— Por favor! — implorou o peixe.

E chorou. Prometeu coisas. Jurou que ajudaria se, por acaso, um dia, no futuro, o pescador passasse por algum aperto dentro do mar.

— Não te esqueças que o oceano sabe ser traiçoeiro — completou o peixe.

O pescador pensou um pouco e sentiu pena. Tirou o filhote de cação da areia e jogou-o de volta ao mar.

Alguns anos se passaram.

Certa tarde cinza de inverno, o pescador navegava longe da costa. De repente, o vento mudou de rumo, as nuvens ficaram agitadas e uma chuva grossa desabou. A embarcação era frágil. Os ventos passavam gelados, assobiando e atiçando as ondas. O barco acabou rachando ao meio. Engolido pelas águas, o pescador já estava pronto para morrer afogado quando sentiu um peixe grande entrando debaixo de suas pernas. Quando foi ver, estava sendo levado para longe da tempestade.

Assim que o vendaval passou, ouviu uma voz:

— Lembras de mim? Sou aquele filhote de mangona atolado na areia que tu salvaste.

— Puxa — exclamou o pescador. — Que sorte a minha!

— Mais ou menos — respondeu o peixe. — Estou morrendo de fome e acho que vou te comer.

O pescador levou um susto.

— Capaz! Salvei tua vida e agora queres me matar!

— Não posso fazer nada — respondeu o cação. — Estou faminto. É a lei da natureza.

— Mas é uma injustiça! — protestou o homem. — Não se pode pagar o bem com o mal! O bem sempre se paga com o bem!

E tanto falou, tanto pediu, tanto reclamou, que a mangona teve uma ideia.

— Vamos até a beira da praia — propôs ela. — Se a gente encontrar dois animais que confirmem que o bem se paga com o bem, eu te solto.

Mas o peixe sorriu:

— Duvido muito que a gente encontre.

E assim, levando o pescador nas costas, o cação nadou pela beira da praia até que encontrou um cavalo velho e magro parado na areia.

Do mar, a mangona perguntou:

— Amigo cavalo, responde por favor. Pela tua experiência de vida, o bem se paga com o bem ou o bem se paga com o mal?

O cavalo relinchou e respondeu:

— Trabalhei a vida inteira para um estancieiro. Dei a ele o melhor da minha força. Levei-o em muitas viagens. Fui cavalgado, cerquei gado bravo, puxei carroça e charrete. Agora, que estou velho, nem comida ele me dá. Me soltou nessa praia deserta, em pleno inverno, para morrer de frio e fome. Fiz o bem e fui pago com o mal!

— Não disse? — exclamou o peixe. E continuou pela beira do mar, levando o pescador nas costas, até que encontrou um boi magro e velho parado na areia.

Do mar, a mangona perguntou:

— Amigo boi, responde por favor. Pela tua experiência de vida, o bem se paga com o bem ou o bem se paga com o mal?

O boi mugiu e respondeu:

— Trabalhei a vida inteira para um estancieiro. Fui castrado. Cortaram meus chifres. Puxei lenha, milho, uva, maçã, soja e açúcar na carreta. Agora, que estou velho, nem comida ele me dá. Me soltou nessa praia deserta, em pleno inverno, para morrer de frio e fome. Fiz o bem e fui pago com o mal!

— Não disse? — exclamou o peixe. E voltando-se para o pescador: — Estás pronto para morrer?

— Espera — implorou o homem. — Estou enxergando um gambá ciscando na praia. Salvei tua vida. Tenho direito a uma última chance. Vamos falar com o gambá.

O outro concordou. Aproximaram-se nadando. O gambá fuçava a areia distraído.

Do mar, a mangona chamou o gambá. Explicou o caso. Contou tudo o que havia acontecido, desde o dia em que foi encontrada atolada na areia e salva pelo pescador. No fim, perguntou:

— Amigo gambá, pela tua experiência de vida, o bem se paga com o bem ou o bem se paga com o mal?

O gambá respondeu:

— Como?

E a mangona, de novo:

— Pela tua experiência, o bem se paga com o bem ou o bem se paga com o mal?

E o gambá:

— Quem faz bem não paga vintém?

— Não! — disse a mangona, falando mais alto. — Perguntei se o bem se paga com o bem ou o bem se paga com o mal!

E o gambá:

— Quem faz mal acaba sem sal?

— Se paga com o mal!

— Quem apaga o mal?

O peixe gritou:

— Paga com o mal!

— Boçal? — perguntou o gambá. — Quem? Eu?

— Não é nada disso! — berrou a mangona.

E, nervosa, gritando, foi chegando cada vez mais perto, mais perto e mais perto da praia. Chegou tão próximo que deu chance ao pescador, que, rápido, deu um pulo e saiu correndo pela areia.

Só então o peixe percebeu que tinha sido enganado. Cheio de raiva, deu uma rabanada na água e desapareceu nas entranhas escuras do mar gelado.

O pescador agradeceu muito ao gambá.

— Salvaste minha vida!

E deu sua palavra: prometeu que, daquele dia em diante, podia contar com ele para o que desse e viesse. Depois agradeceu mais uma vez, despediu-se e foi para casa.

O gambá continuou na praia ciscando e pensando. A pergunta do peixe ainda ressoava em sua cabeça: "O bem se paga com o bem ou o bem se paga com o mal?".

Como não tinha tanta certeza da resposta, resolveu fazer um teste. Correu pelo mato, ultrapassou o pescador, sem que ele visse, e deitou-se no caminho, fingindo-se de morto.

Quando encontrou o gambá caído na estrada, o pescador tomou um susto.

— Puxa! Que fatalidade! Perdi um grande amigo!

Tirou o chapéu, fez uma cova no chão, rezou e, com lágrimas nos olhos, enterrou o pobre bichinho. Depois seguiu para casa.

Rápido, o gambá saiu da cova, correu pelo mato, ultrapassou o pescador de novo e deitou-se no caminho, fingindo-se de morto. Quando encontrou o gambá morto na estrada, o pescador ficou espantado.

— Puxa! Outro gambá! Que pena!

Fez nova cova no chão e enterrou o bichinho. Depois seguiu para casa.

Mais uma vez o gambá saiu da cova, correu pelo mato, ultrapassou o pescador e deitou-se no caminho, fingindo-se de morto. Quando encontrou o gambá caído na estrada, o pescador coçou a cabeça.

— Bah! Outro gambá! É o terceiro! Quer saber? Se andam matando tantos gambás por aí, é sinal de que esse bicho não presta pra nada!

E, agarrando o animal pelo rabo, atirou-o longe dentro de um bambual.

Foi quando o gambá deu uma cambalhota, subiu numa árvore e gritou:

— Pescador ingrato! Fizeste o que a mangona fez. Ficou provado que, infelizmente, para o bicho-homem, o bem se paga com o mal!

Disse isso e desapareceu no matagal.

O pescador baixou a cabeça, sentou-se numa pedra e ficou pensando.

Lá no alto, a lua brilhou fria, iluminando o mar imenso.

MONSTRENGOS[1]

TEIÚ-IAGUÁ

Esse ser misterioso e fabuloso tem a forma de um teiú, um lagarto escuro, mas carrega uma pedra preciosa e brilhante presa no alto da testa. O Teiú-iaguá, também chamado Carbúnculo, pode surgir de repente, vindo do fundo de uma lagoa. É muito poderoso e vive numa gruta cercado de ouro, joias e pedras preciosas. Durante a noite, dizem que esse lagartão de cabeça luminosa consegue se transformar numa linda mulher. Segundo a lenda, certa vez, faz muito tempo, um sacristão prendeu o Teiú-iaguá e o levou para casa. À noite, o animal virou mulher. Apaixonado, o jovem foi morar com ela numa gruta repleta de tesouros. Esse lugar mágico é conhecido como Salamanca do Jarau. Muita gente acredita que, desde então, o tal sacristão ficou com o corpo fechado e vive até hoje na gruta com sua mulher encantada.

1. Seres fantásticos que, em geral, vivem no mato. Tem muita gente que acredita neles.

BRUXAS

As bruxas representam a maldade, o azar e as piores desgraças da vida. Quando acontece uma coisa ruim com a gente, dizem que muitas vezes pode ser por causa de bruxa. Para isso, elas inventam feitiços, fazem mandingas e poções mágicas, lançam pragas, quebrantos e o terrível mau-olhado. Esses monstrengos traiçoeiros costumam andar disfarçados de mulher velha. Transformados em pássaros, borboletas, baratas ou ratos, entram no quarto de crianças recém-nascidas e levam as coitadas embora. Uns acreditam que as bruxas roubam crianças para comer. Outros afirmam que é para transformá-las em novas bruxas, pois bruxa nenhuma sabe ter filho. Para evitar o cruel ataque dessas criaturas malignas, é aconselhável colocar uma tesoura aberta debaixo da cama e esconder, bem escondido, todas as vassouras da casa. Plantar um pé de arruda no jardim também pode ajudar muito.

SANGUANEL

É um homenzinho pequeno, de cabelos ruivos, que anda sempre de roupa vermelha. Costuma viver escondido e adora armar confusão. Esconde coisas, aprecia trançar a crina e o rabo dos cavalos, deixa abertas as torneiras dos barris de vinho e mistura as farinhas nas tulhas. Além disso, tem mania de pegar cavalos e sair galopando pela noite adentro, deixando os animais exaustos. Quem, por azar, pisa na pegada do Sanguanel perde a direção, a memória e fica feito bobo andando perdido pelas estradas. Dizem que esse monstrengo irrequieto também pode raptar crianças. Mas nunca faz nada de mal. Leva-as para o alto das árvores e fica lá com elas chupando fruta e dando risada. Quando a criança volta para casa, aparece sempre risonha, com uma faixa de cabelo duro. Isso acontece por causa das lambidas que o Sanguanel costuma dar nos cabelos de suas vítimas.

MELANCIA E COCO VERDE

Era um guri muito pobre. Morava fora da cidade, num casebre caindo aos pedaços. Mesmo assim vivia com um sorriso bonito nos lábios. Tudo por causa de uma colega de escola.

Foi assim. No começo, os dois só se olharam. Depois, puxaram assunto, sorriram, conversaram e ficaram amigos. Não demorou muito, já estavam namorando firme.

O pai da guria era cheio de dinheiro, dono da maior estância da região. O tal estancieiro tinha poder, terras, gado e muitas plantações. Tinha também um sonho: ver sua filha única casada com um primo. Como o rapaz era fazendeiro, o pai da moça fazia os cálculos. Aquele casamento faria seu poder ficar maior ainda.

O tempo passou. O menino pobre cresceu e virou soldado. Continuou namorando a filha do estancieiro e gostando cada vez mais dela.

— Tu não devias namorar esse soldado — dizia o pai da moça. — É um chinelão pé-rapado. Não tem nem onde cair morto. Não tem um pau pra matar um gato!

O pai falava, falava e falava, mas, enquanto isso, o amor da moça crescia, crescia e crescia cada vez mais forte e verdadeiro.

Quando foi um dia, o moço foi convocado para lutar numa guerra.

A namorada chorou cheia de susto:

— Fica! — implorou ela.

O estancieiro sorriu cheio de raiva:

— Tomara que morra!

Antes de viajar, o soldado chamou a moça.

Garantiu que ia voltar e disse mais. Pediu a ela que prestasse atenção. Contou que tinha inventado dois apelidos. Era um segredo. Ela passaria a ser Melancia. Ele seria Coco Verde.

— Só nós dois sabemos — explicou ele. — É feito uma senha. No caso de qualquer recado, carta, bilhete ou aviso urgente, a gente usa os apelidos. Assim, nem teu pai nem ninguém vai saber que é coisa nossa.

Tudo combinado, o moço beijou a moça e partiu a galope.

Mas o tempo é cavalo que ninguém segura nem monta.

O estancieiro inventou uma história. Mentiu. Disse que tinha recebido notícia fresca da guerra. O tal moço, o tal soldado pobretão, o namorado da filha, infelizmente tinha morrido em combate.

No começo, a moça não conseguiu acreditar. Depois, ficou quase doida de desespero. O estancieiro abraçou a filha e, fingido, aconselhou:

— A vida é assim mesmo. É duro, mas não faz mal. O jeito agora é tu te casares com teu primo.

E nem esperou resposta. Já foi dando ordem para chamar o padre, preparar a papelada e avisar a parentalha. Mandou também preparar a doçaria e colocar os frangos, porcos, ovelhas e bezerros na engorda.

— Vai ser a maior churrascada que já se viu!

Acontece que notícia às vezes anda mais depressa que pensamento.

O moço soldado tinha um amigo. Um índio.

Assim que soube do casamento, o índio pegou o cavalo e partiu para a guerra. Queria que o amigo soubesse daquele matrimônio inesperado.

Encontrou o soldado acampado à beira de um rio.

Ao saber do acontecido, o jovem ficou revoltado. Gritou:

— Largo essa guerra no meio! Quero saber se a moça mudou de ideia ou se é coisa do pai dela!

Mas o destino é cheio de truques.

Um cavaleiro apareceu galopando. Trazia ordem importante. Parte da tropa havia caído numa emboscada. O grupo estava cercado pelo inimigo. Segundo o recém-chegado, era preciso ajudar senão muita gente ia morrer.

O soldado que namorava a filha do estancieiro ficou sem saber o que fazer. Lutar para ganhar a guerra ou lutar para não perder seu amor?

— São meus companheiros — explicou ele ao amigo. — Preciso ficar mais um pouco!

Mas agarrou o índio pelo ombro. Pediu a ele que montasse e voltasse para a estância. Que viajasse dia e noite sem descanso. Que, por favor, desse um jeito de chegar antes do casamento.

— Amigo, é preciso que tu procures a filha do estancieiro!

E revelou o segredo dos apelidos. Pediu ao índio que chegasse perto da moça e, em voz alta, falasse em Melancia e Coco Verde. Explicou que

era uma senha. Que ele desse um jeito de contar a ela que seu namorado ainda estava vivo e voltaria assim que pudesse.

Os dois amigos se abraçaram. O índio saltou no cavalo e partiu em disparada. Dizem que cavalgou sem parar três dias e três noites. Chegou no quarto dia de manhã, dia da festa de casamento.

Encontrou a estância enfeitada, convidados circulando, fogos pipocando, a cachorrada latindo, gaita tocando alto e cheiro bom de carne assando.

Uma reunião de família acontecia na sala. Estavam lá a noiva e o noivo, o estancieiro e sua mulher, o padre, parentes e amigos, todos conversando e tomando chimarrão.

O índio entrou de mansinho e pediu a palavra. Puxou uma viola e cantou:

> *Essa vida é uma guerra*
> *É melhor tomar cuidado,*
> *Melancia, Coco Verde*
> *Tá mandando o seu recado!*

Todos aplaudiram os versos do índio.
A noiva franziu a testa.

O índio continuou:

Para ter felicidade
É preciso ter coragem,
Melancia, Coco Verde
Volta logo da viagem!

Ninguém entendia direito os versos do índio. O estancieiro coçou o queixo. A noiva ficou pensando. Enquanto isso, todo mundo aplaudiu, pois o amigo do soldado cantava bem. E ele foi adiante:

Essa vida é uma beleza
Quem duvida se enganou
Coco Verde vem de longe
Pra buscar o seu amor!

Foi quando a noiva compreendeu o recado e arregalou os olhos. Depois soltou um grito e caiu desfalecida no chão da sala.
O susto foi geral. A festa parou no meio. Mandaram chamar um médico. O homem fez o que pôde, mas nada de descobrir um jeito de fazer a moça voltar a si. É que foi desmaio fingido.
No fim daquela mesma tarde, o soldado que namorava a filha do estancieiro voltou da guerra. Era o remédio que a moça mais precisava. Ao escutar a voz do amado, a moça curou na hora, pulou da cama e chamou todo mundo. Agora estava cheia de saúde. E furiosa. Acusou o pai de mentiroso. Contou que a fizera pensar que o namorado tinha morrido na guerra. Pediu desculpas ao primo e garantiu:
— Não tem jeito. É do soldado que eu gosto. É ele que eu quero. É só com ele que eu caso!
Depois, abraçou e beijou o namorado na frente do pai, da mãe, do noivo, de Deus e todo mundo.
Como a festa já estava armada, tinha padre, tinha convidado, tinha chimarrão, carne, vinho e tudo, o casamento foi realizado.
Dizem que Melancia e Coco Verde foram felizes de verdade.

DITADOS

Quando Deus dá a farinha, o diabo esconde o saco.

Em briga de pedra garrafa não entra.

Miguel, Miguel, não tens abelhas e vendes mel.

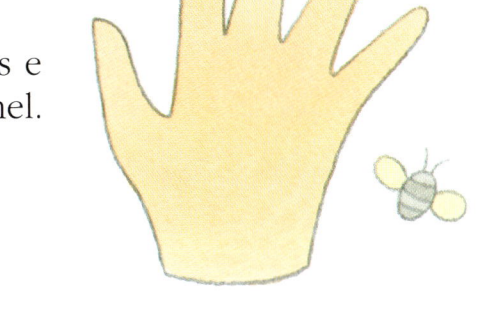

Pão de pobre sempre cai com a chimia[1] pra baixo.

Muito ajuda quem não atrapalha.

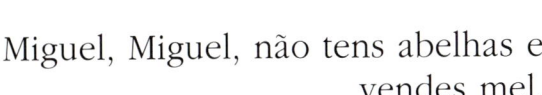

Ou vai, ou racha, ou arrebenta as pregas da bombacha!

---

1. Geleia ou pasta para passar no pão.

RECEITAS

CUCA COLONIAL

4 xícaras de farinha de trigo
1 colher de sopa rasa de fermento para pão
1 xícara de açúcar
2 ovos
4 colheres de gordura ou margarina
noz-moscada ralada
1 colher de sal
1/2 xícara de leite quente

Prepare o fermento com 1 colher de açúcar, 1 xícara de farinha de trigo e água morna. Deixe crescer. Em uma travessa, misture o açúcar, a gordura e os ovos, depois o leite quente. Amasse junto o resto da farinha e o fermento já crescido. Deixe crescer em lugar morno. Ponha a massa em uma fôrma redonda grande, untada, e por cima esta farofa: 1/2 xícara de farinha de trigo, 1/2 xícara de açúcar, manteiga derretida até esfarelar. Asse em forno bem quente.

TORTA DE MAÇÃ (OU BANANA)

2 copos de farinha de trigo
2 ovos
3 colheres de sopa de água
2 colheres de sopa de manteiga (1 na massa)

Amasse bem todos os ingredientes (só 1 colher de manteiga). Deixe a massa descansar meia hora (pode ir preparando o recheio). Depois, abra-a bem fininha sobre um pano enfarinhado. Passe sobre a massa uma camada de manteiga e espalhe o seguinte recheio:

3 maçãs ácidas picadinhas (ou bananas)
100 g de uvas-passas sem caroço
4 colheres de açúcar
1 xícara de café de farinha de rosca fresca
1 pitadinha de canela em pó

Misture, espalhe sobre a massa e enrole com cuidado, levantando o pano. Leve ao forno quente, em fôrma untada e enfarinhada, por uns 40 minutos. Polvilhe com açúcar e canela.

BOM-BOCADO DE PINHÃO

2 xícaras de pinhão sem casca
2 xícaras de leite
2 xícaras mal cheias de açúcar
2 colheres de sopa de farinha de trigo
2 colheres de sopa de manteiga
4 ovos

Cozinhe o pinhão na pressão e descasque. Moa no liquidificador, depois misture com todos os outros ingredientes. Ponha em forminhas untadas com manteiga e asse em forno médio por uns 30 minutos. (Pode-se usar mandioca ou cará em lugar dos pinhões.)

BISCOITO DE AMENDOIM

500 g de farinha de trigo
400 g de amendoim torrado e moído
400 g de açúcar
1 colher de sobremesa de fermento em pó
água suficiente para espichar a massa

Misture primeiro os ingredientes secos, vá juntando a água e sove bem a massa. Separe pedaços, enrole e molde os biscoitos. Leve ao forno, em tabuleiro enfarinhado, por uns 30 minutos.

FREGOLÁ

2 xícaras de farinha de trigo
2 xícaras de farinha de milho
2 xícaras de açúcar
1/2 xícara de banha
1/2 xícara de manteiga
3 ovos
1 colher de sopa de fermento em pó
300 g de amendoim torrado e quebradinho

Misture os ingredientes (o amendoim deve ser o último a ser misturado), ponha em uma assadeira untada e enfarinhada, leve ao forno por uns 35 minutos. Depois de assado fica bem seco e pode ser cortado em pedaços pequenos. Fica delicioso!

REGIÃO SUDESTE

QUADRAS POPULARES

Alfaiate quer tesoura,
Sapateiro quer tripeça[1],
Moça bonita quer ouro,
Moça velha quer conversa.

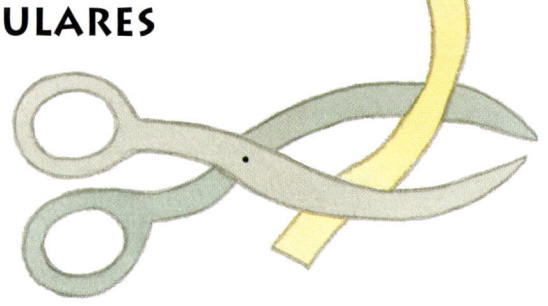

Ó que nuvem tão bonita,
Ó que céu tão estrelado,
Quem me dera ver agora
O meu lindo namorado.

Uma canoa no rio,
Uma piranha na brasa,
Um cobertor mode[2] o frio,
Um amor dentro de casa.

Moça que pita cigarro
Na minha cama não deita,
Fumaça do seu cigarro
Meu coração não aceita.

Eu queria que chovesse
Uma chuva bem fininha,
Pra molhar a sua cama,
E você dormir na minha.

Se meu coração partisse,
Eu te dava um pedacinho,
Como coração não parte,
Eu te dou ele inteirinho.

---

1. Cadeirinha ou assento de três pés.
2. O mesmo que por causa, para ou porque.

Dos peixes que tem no rio,
Camarão é o mais sagaz,
Lambari pula pra frente,
Camarão pula pra trás.

A menina pequeninha,
Fez xixi na canequinha,
Foi dizer para a vizinha
Que era caldo de galinha.

Quem quiser comprar saudade,
Eu tenho semente e dou,
Um canteiro tenho cheio,
Que aquela ingrata deixou.

Eu te amo, tu não queres,
Eu te quero, tu me deixas,
Eu te busco, tu te ausentas,
Eu te deixo, tu te queixas.

Eu não falo mal das velhas,
Pois já foram lindas flores,
São agora mães das moças,
E as moças são meus amores.

Não sei se é fato ou se é fita.
Não sei se é fita ou se é fato.
Só sei que de fato ela fita,
Me fita mesmo, de fato!

38

TRAPALHADAS DO ZÉ BOCOIÓ

Zé Bocoió vivia fazendo burrada. A família ficava zangada e dava bronca, mas não adiantava. Volta e meia o Zé aprontava cada besteira de dar dó.

Certo dia, sua mãe fez um pedido:

— Zé, preciso de sangue pra fazer chouriço. Preste bem atenção pra não errar.

Mandou o filho ir até a cidade dizendo em voz alta: "Eu quero sangue, eu quero sangue!".

— Faça isso até chegar ao açougue — aconselhou ela —, senão você esquece.

E lá se foi Zé Bocoió andando e falando alto: "Eu quero sangue, eu quero sangue!".

Mal chegou à cidade, encontrou dois homens brigando feio no meio da praça. Uma multidão de gente assistia assustada. E era tapa para cá, soco para lá, rasteira, chute, empurrão, dentada, murro e muita pancada.

O Zé foi lá ver e falou bem alto:

— Eu quero sangue, eu quero sangue!

A plateia ficou furiosa.

— Onde já se viu uma coisa dessas?

— Os dois brigando e esse moleque pedindo mais sangue!

— Cala a boca, moleque!

Um homem se aproximou, agarrou Zé Bocoió pelo braço e ensinou:

— Num caso assim você devia dizer: "Tomara que isso acabe para sempre!".

— Mas minha mãe mandou dizer: "Eu quero sangue!" — respondeu ele.

O homem achou que o Zé estava brincando:

— Falou nada, safado. Vá embora daqui e vá dizendo: "Tomara que isso acabe para sempre!".

E lá se foi Zé Bocoió andando e falando alto: "Tomara que isso acabe para sempre, tomara que isso acabe para sempre!".

Logo adiante passou na frente de uma igreja. Estava havendo uma festa de casamento. Os noivos, felizes da vida, desciam as escadas, abraçavam e beijavam as pessoas.

O Zé foi lá ver e falou alto:

— Tomara que isso acabe para sempre, tomara que isso acabe para sempre!

Os convidados ficaram revoltados.

— Moleque lazarento!

— Tá querendo dar azar pro casamento!

— O desgraçado veio aqui rogar praga!

Uma mulher se aproximou, agarrou Zé Bocoió pelo braço e ensinou:

— Num caso assim você devia dizer: "Tomara que isso aconteça com muita gente!".

— Mas eu pensei que era pra dizer: "Tomara que isso acabe para sempre!" — respondeu ele.

A mulher achou que o Zé estava brincando:

— Cala a boca, safado. Vá embora daqui e vá dizendo: "Tomara que isso aconteça com muita gente!".

E lá se foi Zé Bocoió andando e falando alto: "Tomara que isso aconteça com muita gente, tomara que isso aconteça com muita gente!".

Foi parar na frente do cemitério. Uma procissão chegava carregando um caixão de defunto. O padre vinha na frente, e atrás muita gente de luto, chorando e soluçando.

O Zé foi lá ver e falou alto:

— Tomara que isso aconteça com muita gente, tomara que isso aconteça com muita gente!

As pessoas ficaram indignadas.

— Mas isso é coisa que se diga?

— Vira essa boca pra lá!

— Eta moleque danado de ruim!

O padre se aproximou, agarrou Zé Bocoió pelo braço e ensinou:

— Num caso assim você devia dizer: "Tomara que não venha mais nenhum!".

— Mas eu pensei que era pra dizer: "Tomara que isso aconteça com muita gente!" — respondeu ele.

O padre achou que o Zé estava brincando:

— Cala a boca, safado. Vá embora daqui e vá dizendo: "Tomara que não venha mais nenhum!".

E lá se foi Zé Bocoió andando e falando alto: "Tomara que não venha mais nenhum, tomara que não venha mais nenhum!".

Mais à frente deu de cara com um triste acidente. Três crianças pequenas haviam caído da ponte e estavam se afogando no rio. Um monte de gente assistia à cena. Bombeiros, voluntários e pessoas da família tentavam salvar as vítimas. Um bombeiro passou carregando no colo uma criança que tinha acabado de ser salva.

O Zé foi lá ver e falou bem alto:

— Tomara que não venha mais nenhum, tomara que não venha mais nenhum!

Todo mundo ficou revoltado.

— Tá ficando louco da cabeça?

— Não vê que as crianças não sabem nadar?

— Mandem embora esse moleque senão eu tiro sangue dele!

Foi quando os olhos do Zé Bocoió brilharam:

— Sangue? Mas minha mãe me mandou dizer: "Eu quero sangue!".

— Tá querendo ver o sangue das crianças? — perguntou um bombeiro agarrando o Zé pelo colarinho.

— Eu não, moço! Só tô querendo sangue pra minha mãe fazer chouriço!

Ninguém entendeu coisa nenhuma. Como, por sorte, as duas outras crianças foram encontradas com vida, as pessoas resolveram ir embora.

Enquanto isso, Zé Bocoió foi até o açougue e comprou o sangue que sua mãe havia pedido.

Voltou para casa pensando:

— Quanta gente besta, meu Deus do céu!

ADIVINHAS

1) O que é, o que é?
Não é corda e é comprida,
Quando quebra dói demais.
Em geral dobra no meio
E tem a barriga pra trás?

2) O que é, o que é?
Quem tem prefere não ter,
Fica triste e quase chora.
Travesseiro tem por dentro,
Mas galinha tem por fora?

3) O que é, o que é?
Atenção aos três irmãos:
O primeiro já morreu,
O segundo vive aqui,
O terceiro não nasceu?

4) O que é, o que é?
Enche uma casa completa,
Mas cabe dentro da mão.
Amarrado pelas costas,
Entra e sai sem ter portão?

5) O que é, o que é?
Tem bico, mas não belisca,
Tem boca, mas não é gente,
Tem asa, mas nunca voa,
Tem chapéu e vive quente?

6) O que é, o que é?
Deus dá na primeira vez,
Na segunda vez Deus dá,
Na terceira quem quiser
Que se vire e vá comprar?

7) O que é, o que é?
Tem no começo da rua,
Vive na ponta do ar,
Dobra no meio da terra,
Mora onde acaba o mar?

8) O que é, o que é?
Esse animal tão raro
De manhã tem quatro pés,
De tarde vai com dois pés
E de noite usa só três?

9) O que é, o que é?
Ele é mudo, surdo e cego,
Satisfaz toda a vaidade,
Muito embora sendo mudo,
Sempre só diz a verdade?

10) O que é, o que é?
Essa coisa é invisível,
Quem compra nunca quer ter,
É roupa que mulher veste,
Mas o marido não vê?

44

A FILHA ENCANTADA DO FAZENDEIRO

Aquele fazendeiro dizia que queria que sua filha se casasse, mas não queria não. Tanto que veja, o danado mandou avisar ao povo: quem chegasse à fazenda e conseguisse fazer uns serviços casava com a moça. Mas, quem não conseguisse, ele mandava matar.

A moça era linda feito uma joia do céu. Muitos homens sonharam em se casar com ela. Todos foram mortos.

O tal fazendeiro era tinhoso. Cada vez que um candidato morria, soltava uma risada grossa coçando o barrigão.

Quando foi um dia, um jovem apareceu na fazenda. Declarou que admirava aquela moça fazia tempo e que queria se casar com ela.

Quando a filha do fazendeiro viu o rapaz, sentiu um calor diferente no fundo do peito. Paixão é coisa que ninguém explica, não sabe de onde vem nem para onde vai.

O fazendeiro dava risada:

— É só mais um pra virar presunto!

E avisou o moço:

— Pra casar com minha filha, é muito simples: está vendo aquele terreno lá longe? Quero que você limpe ele hoje, adube hoje, plante cana hoje, colha a cana hoje e prepare uma cachacinha da boa pra eu beber hoje à noite.

O moço gostava da moça, mas ficou assustado.

— Ô louco! Isso não dá pra fazer não!

Mas a filha do fazendeiro fez um gesto com a cabeça pedindo a ele que aceitasse o desafio do pai.

O rapaz pescou o desejo da moça. Era peituda. Não pensou duas vezes:

— Vou tentar! — disse ele.

Acontece que o tal fazendeiro era o diabo disfarçado. Acontece que a filha do diabo tinha poderes mágicos.

A vida tem cada uma que parecem duas.

Longe do pai, a moça chamou o moço e deu a ele uma enxada encantada, sementes mágicas e ainda ensinou palavras misteriosas que ninguém conhecia. Quando foi de noitinha, o rapaz apareceu na casa do fazendeiro com um garrafão desse tamanho cheio de cachaça feita aquele dia mesmo.

O fazendeiro gostou, mas não gostou.

— Aqui tem coisa — resmungou baixinho.

E veio com essa:

— Só que tem um porém: pra casar com a minha menina, você também vai ter que montar no touro Coisa-ruim, o bicho mais bravo da fazenda.

Nunca ninguém tinha montado naquele touro. O povo dizia que o Coisa-ruim era um diabo disfarçado de boi.

Como contava com a ajuda da filha do fazendeiro, o moço foi, pegou e aceitou o desafio.

No dia seguinte, escondida do pai, a moça deu a ele um colar mágico e assim foi. E o danado do Coisa-ruim pulou e saltou e empinou e deu coice e cabriolou e deu chifrada e rosnou e babou e grunhiu e gemeu durante horas. No fim, deu um suspiro e caiu morto com a língua de fora.

O povo aplaudiu de pé. O moço ficou até tonto, cheio de suor, fuligem e pó.

O fazendeiro cuspiu no chão.

— Aqui tem coisa — resmungou baixinho.

E chamou o moço:

— É o último serviço. Vai ser moleza. Tá vendo aquele rio grande logo ali? Amanhã quero acordar com ele passando na frente da minha casa.

O moço olhou a moça, respirou fundo e, mais uma vez, aceitou o desafio. No dia seguinte, logo cedo, ninguém sabe como nem por quê, o rio tinha mudado de lugar e corria manso na frente da sede da fazenda.

O fazendeiro não disse nada. Só esmigalhou o charuto no chão. Depois, mandou preparar um quarto para o moço dormir e avisou que ia preparar a festa do casamento.

Foi quando a filha do diabo chamou o moço de lado. Contou que o fazendeiro estava desconfiado da ajuda dela e que ia mandar matar os dois no dia seguinte.

— Não tem mais jeito — disse ela. — Precisamos fugir. E explicou como.

Contou que na cocheira do pai tinha três cavalos: Corisco, Pensamento e Vento-forte. Disse que Corisco e Pensamento eram os mais velozes. Mandou o jovem preparar os dois cavalos antes do amanhecer.

Além disso, a filha do fazendeiro cuspiu no quarto do moço e no quarto dela. E ainda guardou um saco de pregos, um saco de cinzas e um cheio de sal.

— Deixa comigo — disse ela. — Amanhã cedo, antes do sol raiar, a gente foge!

Infelizmente, na hora de preparar os cavalos, o moço se atrapalhou e, em vez de pegar Corisco e Pensamento, pegou Corisco e Vento-forte.

— Agora é tarde! — gritou a moça quando chegou. Vamo que vamo!

E lá se foram os dois namorados à galope pelas estradas do mundo.

Quando o galo cantou, o fazendeiro deu um pulo da cama e foi bater na porta da filha.

— Acorda, menina!

E o cuspe da moça respondeu:

— Já vou indo!

O fazendeiro bateu na porta do moço:

— Acorda, moço!

E o cuspe lá de dentro respondeu:

— Já vou já.

Como o tempo passou e ninguém saiu do quarto, o fazendeiro foi e chamou de novo.

— Vamo ou não vamo?

E um cuspe:

— Espere um pouquinho!

E o outro cuspe:

— Calma aí!

No fim, os cuspes secaram, as vozes sumiram, o fazendeiro chamou, chamou, foi lá ver e descobriu tudo.

Louco da vida, pegou o cavalo Pensamento e saiu dando chicotada.

— Eu mato!

Corisco e Vento-forte corriam bem, mas Pensamento corria bem mais.

Começou uma terrível perseguição.

Quando o cavalo do fazendeiro se aproximou dos dois fugitivos, a moça abriu o primeiro saco e atirou os pregos no ar.

Formou-se uma gigantesca cerca de espinhos, e o fazendeiro se machucou todinho. Além disso, perdeu muito tempo até conseguir se desvencilhar do espinheiro.

A perseguição continuou. Quando o cavalo do fazendeiro chegou perto de novo, a moça abriu o segundo saco e atirou a cinza no ar.

Formou-se um nevoeiro tão escuro, tão escuro, que não dava para enxergar mais nada. Pensamento ficou cego, confuso, derrapou, tropeçou e jogou o fazendeiro de cara no chão. Demorou, mas o danado do homem conseguiu montar de novo e lá se foi galopando e chicoteando.

Chegou a hora de a moça abrir o saco de sal e atirar tudo no ar.

Quando o fazendeiro estava chegando, formou-se um oceano azul, imenso e profundo bem na sua frente.

A moça, então, transformou Corisco num barquinho branco e Vento-forte em ventania. Saiu depois de barco com seu namorado pelo mar afora.

O fazendeiro estava todo furado de espinhos, com os olhos vermelhos de tanta fumaceira e com o corpo machucado por causa do tombo do cavalo. Chegou à beira do mar, desceu do cavalo e desistiu da perseguição.

Ficou lá parado, pasmado, espiando aquele barquinho bonito sumir lá longe, longe, longe...

MONSTRENGOS

CHUPA-CABRA

É um monstrengo perigoso e traiçoeiro. Dizem que costuma habitar as florestas e capoeiras em volta das fazendas. Ninguém sabe direito qual é sua espécie, nem como é sua cara, nem seu corpo, nem seu jeito, mas parece ser dentuço. Nem ao menos se sabe se o Chupa-cabra é de outro mundo ou deste mesmo. O certo é que ele gosta de atacar bezerros, potros, carneiros, porcos, cachorros e galinhas, além de bodes e cabras. Até hoje não fez mal a seres humanos, mas nunca se sabe. Seu costume é sempre o mesmo: aparece de surpresa no meio da noite escura, agarra um animal desprevenido e mata para chupar o sangue. No dia seguinte, a vítima desse vampiro infeliz é encontrada caída à beira da estrada com dois furinhos no pescoço.

PISADEIRA

É uma mulher magra, velha, feia e suja. Ninguém sabe direito onde ela mora. Aparece nas estradas desertas fumando cachimbo, com os olhos arregalados. Quem olha para a Pisadeira depois, à noite, quando volta para casa e vai dormir, tem os piores pesadelos. Sonha que está matando gente. Sonha que está sendo atacado por onça ou cobra venenosa. Sonha que está morrendo afogado no rio, está caindo num abismo ou que tenta andar e não consegue sair do lugar. Dizem que essa velha é o diabo que entra disfarçado no corpo da gente só para maltratar e fazer sofrer. Quando a pessoa dorme mal, tem pesadelo, sente um aperto no peito, acorda cansada, suada, assustada e sem vontade de enfrentar o dia, muitas vezes pode ser por culpa da danada da Pisadeira.

CAVALO SEM CABEÇA

Ninguém sabe, mas tudo indica que esse monstrengo fabuloso seja parente da inquieta e famigerada Mula sem cabeça. Dizem que todo padre sem-vergonha, que aprecia o pecado e tenta namorar as mulheres que vão à igreja rezar, costuma virar Cavalo sem cabeça. Essa cavalgadura assombrosa parece ter o diabo no corpo. Surge nas noites de quinta para sexta-feira, correndo em disparada pelas estradas, dando coices e dentadas no ar, bufando, empinando e galopando ao mesmo tempo, como se estivesse enfeitiçada ou enlouquecida. Quem, por azar, cruzar o caminho desse cavalo descabeçado corre o sério risco de ser brutalmente pisoteado, mordido e atropelado.

52

COMPADRE RICO E COMPADRE POBRE

Eram dois vizinhos muito pobres e muito amigos. Fizeram até um acordo. Se um tivesse um filho e o outro tivesse uma filha, iam fazer de tudo para que os dois namorassem e se casassem.

— Quero ser seu compadre! — dizia um.

— Quero ser seu compadre! — dizia o outro.

O tempo passou. Um dos amigos acabou virando um fazendeiro muito rico. O outro, infelizmente, continuou pobre, pobre, pobre.

A vida é cheia de voltas e reviravoltas.

Por coincidência, um belo dia, as mulheres dos dois compadres ficaram esperando filho e logo nasceram duas crianças.

O compadre rico ganhou uma menina.

O compadre pobre ganhou um menino.

Assim que soube do nascimento do filho do outro, o compadre rico lembrou do compromisso e fez cara feia. Pegou o cavalo e saiu pensando. Foi visitar o amigo.

— Vim conhecer meu afilhado — disse ele. — Vim também fazer uma proposta.

E explicou que queria levar o menino para criar na fazenda. Argumentou que o outro era pobre. Que não tinha dinheiro para dar comida, escola e saúde para o filho recém-nascido. Tanto falou, tanto insistiu, tanto argumentou que o compadre pobre, com dor no coração, mas pensando no bem do filho, decidiu aceitar a proposta.

O compadre rico partiu a cavalo levando a criança numa caixinha de madeira. Quando chegou à beira do rio, saltou do cavalo, colocou a caixinha n'água e deixou o rio levar.

— Pensando que vai casar com minha filha, desgraçado? Pois tá enganado! Vai é virar comida de peixe!

Disse isso, montou no cavalo e voltou para sua fazenda.

Mas a sorte é o tipo do jogo que ninguém sabe a regra.

Justo naquele dia, o compadre pobre estava sem comida em casa e resolveu sair para pescar. Acabou pescando uma caixinha de madeira. Quando a abriu, começou a chorar.

— Filho!

Pegou o menino no colo, levou para casa e chamou a mulher:

— Olha o que o lazarento do meu compadre tentou fazer com nosso filho!

E fez um plano com a mulher. Ia criar o menino escondido, sem que o outro soubesse.

E assim foi. Quando o compadre rico passava a cavalo pela estrada, o compadre pobre perguntava:

— Como vai meu filho?

E o padrinho mentia:

— Vai muito bem, obrigado!

"Cachorro!", pensava o compadre pobre.

Mas o tempo passou.

O menino completou dezoito anos. Um dia, ele estava ajudando o pai a consertar o telhado quando o compadre rico apareceu de surpresa.

— Quem é esse moço?

O outro não conseguiu segurar:

— Esse é meu filho. O seu afilhado. Aquele que você, em vez de criar, jogou no rio pra morrer afogado!

Surpreso, o compadre rico inventou um monte de mentiras. Contou que, por culpa de um empregado, a criança tinha caído no rio. Falou em acidente. Contou que tinha ficado sem coragem de dizer a verdade.

O compadre pobre não acreditou nem um pouco.

O outro tentou mudar de assunto. Disse que estava muito cansado. Pediu licença para dormir na casa do amigo. Pediu outra coisa. Escreveu uma carta e mandou o afilhado levar à fazenda e entregar em mãos à sua mulher.

— Por favor! É muito urgente!

A mãe segurou o braço do filho e aconselhou baixinho:

— Vá, mas tome cuidado! Nunca responda uma pergunta na hora. Diga que vai pensar e que responde na volta.

O moço escutou o conselho da mãe, guardou a carta do padrinho no bolso e partiu.

Andou, andou, andou. No fim da tarde, chegou a uma casa e pediu pousada. A dona da casa disse que seu marido não gostava de visitas. O moço insistiu. Contou que levava uma carta urgente, mas estava muito cansado e precisava de repouso. A mulher acabou deixando ele ficar.

O rapaz comeu, deitou-se num canto e dormiu. Mais tarde chegou o dono da casa. A mulher explicou o caso. O marido fez cara feia.

— Carta urgente?

Com cuidado, tirou a carta do bolso do moço e leu.

O texto dizia o seguinte:

> *Mulher, esse moço é aquele meu afilhado. O desgraçado escapou de morrer no rio. Mande matar já. Não quero de jeito nenhum que ele se case com nossa filha.*

O dono da casa examinou o rapaz dormindo:
— Esse infeliz está indo direto para a morte!
E teve uma ideia. Pegou outro papel e escreveu:

> *Mulher, esse moço é muito bom e honesto. Quero que ele se case imediatamente com nossa filha. Mande preparar uma festança. Pode fazer o casamento mesmo sem a minha presença.*

Com cuidado, enfiou a carta no bolso do moço e jogou a outra fora.

No dia seguinte, o rapaz agradeceu a hospedagem e partiu cedinho. Logo chegou à fazenda do compadre rico.

A mulher do fazendeiro estranhou a carta, mas como tinha medo do marido achou melhor obedecer. Mandou preparar a festa às pressas, chamou o padre e no fim daquele mesmo dia o moço já estava casado com a moça.

Por sorte, os dois gostaram muito um do outro e ficaram bem felizes. Mas a felicidade durou pouco.

Quando o compadre rico voltou e soube do casamento ficou furioso. Quis bater na esposa. A coitada mostrou a carta. Mesmo assim o fazendeiro xingou a mulher de tudo quanto foi nome e disse mais:

— O filho do meu compadre pode ter casado com minha filha, mas com ela ele não fica!

Mandou chamar o rapaz e deu a seguinte ordem:

— Pra ser meu genro, só tem um jeito. Vai ter que ir até os quintos dos infernos e me trazer três fios de cabelo do diabo. Se trouxer, continua casado. Se não trouxer, o casamento está desfeito!

O moço não teve jeito. Pegou e foi.

Andou, andou, andou. Subiu, subiu, subiu. Desceu, desceu, desceu.

Acabou chegando à beira de um rio. Na hora de atravessar, precisou da ajuda de um barqueiro. Quando soube que o rapaz ia para o inferno, o homem pediu:

— Moço, por favor, me ajude. Faz vinte anos que estou preso nessa canoa e não consigo sair. O que é que eu faço?

O rapaz lembrou-se das palavras da mãe e disse:

— Só respondo na volta.

Seguiu em frente e chegou a uma floresta de pedra. O povo do lugar vivia muito triste. Quando soube que o rapaz ia para o inferno, alguém pediu:

— Moço, por favor, ajude a gente. Nossas árvores eram verdes e cheias de frutas. Agora estão assim, ninguém sabe por quê. O que é que a gente faz?

O rapaz lembrou-se das palavras da mãe e disse:

— Só respondo na volta.

Seguiu em frente e foi parar num lugar seco, seco, seco. Não tinha rio, não tinha lago, não tinha fonte. Chuva, então, não caía ali havia mais de cem anos. Por causa disso, o povo vivia na miséria. Quando soube que o rapaz ia para o inferno, alguém pediu:

57

— Moço, por favor, ajude a gente. Nossa terra era rica e fértil. Agora está rachada de tão seca e ninguém aguenta mais. O que é que a gente faz?

O moço lembrou-se das palavras da mãe e disse:

— Só respondo na volta.

No fim, o filho do compadre pobre chegou ao inferno. Bateu na porta. A mulher do diabo apareceu e aconselhou:

— Vá embora, menino! Seu lugar não é aqui!

Mas o moço pediu ajuda. Contou um pouco de sua história. Disse que tinha feito uma viagem longa. Que quase tinha morrido afogado por culpa do padrinho. Que agora era casado e amava sua mulher. Explicou que para manter seu casamento precisava de três fios de cabelo do diabo.

A diaba sentiu pena. Perguntou se, por acaso, no caminho o rapaz tinha escutado alguma pergunta.

O moço contou do barqueiro, da floresta de pedra e da terra seca.

— Deixa comigo — disse a mulher do diabo. — Fica aí escondido que eu dou um jeito!

O filho do compadre pobre escondeu-se dentro de um baú de ferro.

Mais tarde, o diabo chegou, jantou e depois chamou a mulher:

— Diaba, me faz um cafuné que hoje eu trabalhei muito!

A diaba sentou-se na cama e o diabo deitou a cabeça no colo dela. Quando o danado já estava quase dormindo, a mulher foi e, zás, arrancou o primeiro fio de cabelo.

— Ai meu cocuruto! — gritou o satanás.

— Desculpe — disse ela. — É que me lembrei de um sonho que eu tive anteontem. Sonhei com um barqueiro que estava preso num barco havia mais de vinte anos e não sabia o que fazer.

O diabo deu risada.

— Foi praga minha. Basta o barqueiro passar o remo para outra pessoa e ir embora!

Disse isso e fechou os olhos.

Dentro do baú de ferro, o moço escutava tudo. Quando o danado já estava quase dormindo de novo, a mulher foi e, zás, arrancou o segundo fio de cabelo.

— Ai meu cocuruto! — gritou o Coisa-ruim. — Ô diaba! Vê se toma cuidado!

— Desculpe — disse ela. — É que me lembrei de um sonho que eu tive ontem. Sonhei com uma floresta de pedra cheia de árvores mortas.

O diabo deu risada.

— É porque eu enterrei um sapo vivo na raiz da árvore mais velha da floresta. Basta ir lá com uma pá, arrancar o sapo e jogar no rio.

Disse isso e fechou os olhos.

Dentro do baú de ferro, o moço escutava tudo. Quando o demônio já estava quase dormindo de novo, a mulher foi e, zás, arrancou o terceiro fio de cabelo.

— Ai meu cocuruto! — gritou o beiçudo. — Ô diaba! Assim não dá!

— Desculpe — disse ela. — É que me lembrei de um sonho que eu tive hoje. Sonhei com um lugar seco, sem água, onde não chove há mais de cem anos.

O diabo deu risada.

— É só pegar uma marreta e quebrar a pedra que tem no pé do morro. Deixei a água represada dentro da pedra só pra fazer o povo sofrer.

Disse isso e caiu no sono.

A diaba deixou o diabo dormir, deu os três fios de cabelo para o moço e mandou ele ir embora depressa.

O moço agradeceu e partiu.

No caminho passou pelo lugar que não tinha água, pegou uma marreta e quebrou a pedra que ficava no pé da serra. A água jorrou, molhando a terra. Feliz da vida, o povo deu a ele um saco de moedas de ouro.

Continuando, passou pela floresta de pedra, desenterrou o sapo e atirou-o no rio. Imediatamente, as árvores ficaram verdes e cheias de frutas. Feliz da vida, o povo deu a ele outro saco de moedas de ouro.

Mais adiante, o moço chegou ao rio. Pediu ao barqueiro que o levasse para o outro lado. Já na outra margem, saiu do barco, foi para longe e gritou:

— O próximo passageiro que chegar, você manda sentar, passa o remo pra ele, sai do barco e vai embora cuidar da sua vida.

O barqueiro agradeceu.

No fim daquele mesmo dia, o moço chegou de volta à fazenda. Veio cheio de saudade e já foi abraçando e beijando a filha do compadre rico.

Seu padrinho sentiu inveja.

— Puxa! Não é que o desgramado foi e voltou do inferno, trouxe os fios de cabelo do diabo e ainda veio com um monte de dinheiro?!

O compadre rico queria ser mais rico ainda. Chamou o afilhado de lado. Fechou a porta para ninguém ouvir a conversa. Perguntou qual era, afinal, o caminho dos quintos dos infernos.

O moço sorriu e explicou:

— É fácil! Ande, ande, ande. Suba, suba, suba. Desça, desça, desça até chegar num rio. Lá tem um barqueiro. Fale com ele!

O fazendeiro arrumou as malas e partiu naquele mesmo dia. Estava tão apressado que nem se despediu de ninguém. Quando chegou ao rio, o barqueiro pediu a ele que, por favor, segurasse o remo um pouquinho. Depois disfarçou, saiu do barco e foi embora.

Dizem que o compadre rico está no barco até hoje, sobe rio, desce rio, remando, remando, remando...

DITADOS

Quem quer pegar passarinho não faz xô.

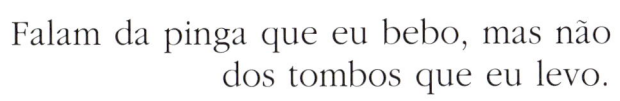

Falam da pinga que eu bebo, mas não dos tombos que eu levo.

Quando rico mata pobre, o defunto é que vai preso.

Homem calado, muito cuidado.

Come mais quem come quieto.

Quem está montado na razão não carece de espora.

RECEITAS

Bolo fofinho

2 xícaras de farinha de trigo
1 xícara de maisena
2 xícaras de açúcar
1/2 xícara de margarina
3 ovos separados
1 vidrinho de 200 ml de leite de coco
1 colher de sopa de fermento em pó

Bata bem a margarina, o açúcar e as gemas. Peneire os ingredientes secos e vá juntando ao creme, alternando com o leite de coco. Bata as claras em neve e junte à massa. Asse em fôrma untada por uns 40 minutos.

Goiabinha

4 colheres de sopa de manteiga
4 colheres de sopa de açúcar
2 ovos
4 colheres de sopa de leite
1 colher de chá de sal
1 colher de fermento em pó
farinha de trigo (mais ou menos 3 1/2 xícaras)

Amasse os ingredientes, na ordem, e a farinha, aos poucos e sem apertar, até ficar uma massa macia. Abra com rolo, em mesa enfarinhada. Corte em quadradinhos, coloque um pedacinho de goiabada no meio e enrole cada um. Asse em fôrma enfarinhada por 25 minutos. Passe ainda quente em açúcar e canela.

Rocambole

4 ovos
4 colheres de sopa de açúcar
3 colheres de sopa de farinha de trigo
2 colheres de chá de fermento em pó
Recheio: doce de leite mole

Bata as claras em neve. Batendo, junte aos poucos o açúcar e as gemas. Misture levemente a farinha peneirada, o fermento e o sal. Ponha em fôrma retangular untada e enfarinhada e asse até corar de leve. Ainda quente, solte com espátula, desenforme sobre pano polvilhado de açúcar, passe uma camada de doce de leite e enrole levantando o pano.

Biscoito da roça

500 g de polvilho azedo
1 1/2 copo de fubá de milho fino
1 1/2 copo de leite fervente
1/2 copo de óleo ou banha
2 ovos
1 copo de açúcar ou a gosto
1/2 colher de sobremesa de sal

Ferva o leite com a banha e escalde o fubá. Espere esfriar e junte os outros ingredientes. Amasse bem, enrole os biscoitos com as mãos untadas e asse em tabuleiro, polvilhado de farinha, no forno bem quente.

Brevidade

2 copos de polvilho doce
1 copo bem cheio de açúcar
3 ovos

Bata bem até virar uma massa mole. Ponha em forminhas untadas e leve ao forno.

Biscoitinho de Queijo

1 1/2 copo de farinha de trigo
3 colheres de sopa de manteiga
100 g de queijo ralado

Amasse bem; se precisar junte mais farinha. Enrole da grossura de um lápis, corte em pedacinhos de 5 cm e asse em tabuleiro enfarinhado por 20 a 25 minutos.

Pão de minuto

3 xícaras de farinha de trigo
3 colheres de sopa de manteiga
3 colheres de sopa de açúcar
3 ovos inteiros
1/2 xícara de leite
1 colher de sopa de fermento em pó
1 colher de chá de sal

Misture numa tigela os ovos, o açúcar e os outros ingredientes, mexendo bem. Faça pãezinhos e leve ao forno bem quente em fôrma untada de manteiga. Ainda quente, fica uma delícia com manteiga, geleia etc.

REGIÃO CENTRO-OESTE

QUADRAS POPULARES

O fogo nasce da lenha,
A lenha nasce do chão,
O amor nasce dos olhos,
Vai viver no coração.

Quem quer ver moça bonita
Vai no rancho de capim.
Na casa de telha tem,
Mas não tem bonita assim.

A perdiz pia no campo,
A pomba no mato grosso.
Quem tem seu amor bonito
Dependura no pescoço.

Lá vai a garça voando,
Arrasta o bico na areia.
Onde tem moça bonita,
Não namoro moça feia.

Meu pai me pôs na escola
Pra aprender o a-bê-cê.
Eu fugi, fui aprender
A dar um beijo em você.

Abala, meu bem, abala,
Abala, vem cá me ver,
Pra que me escreve essa carta
Se sabe que eu não sei ler?

Arranquei o ferro frio,
Fiz o povo recuar,
Eu sou cabra perigoso,
É bom não facilitar.

Marrequinha da lagoa,
Tuiuiú do Pantanal,
Marrequinha pega o peixe,
Tuiuiú já vem tomar.

Você vai para tão longe,
Saudades de mim não tem,
Não venha dizer que me ama
Nem diga que me quer bem.

Meu amigo e companheiro,
Vou agora lhe dizer,
Carro não anda sem boi,
E eu não canto sem beber.

O bicho pediu sertão,
O peixe pediu fundura,
O homem pediu riqueza,
E a mulher a formosura.

Eu sou aquele que andou
Sessenta léguas num dia
Só pra ver se berganhava[1]
Tristeza por alegria.

---
1. O mesmo que trocava.

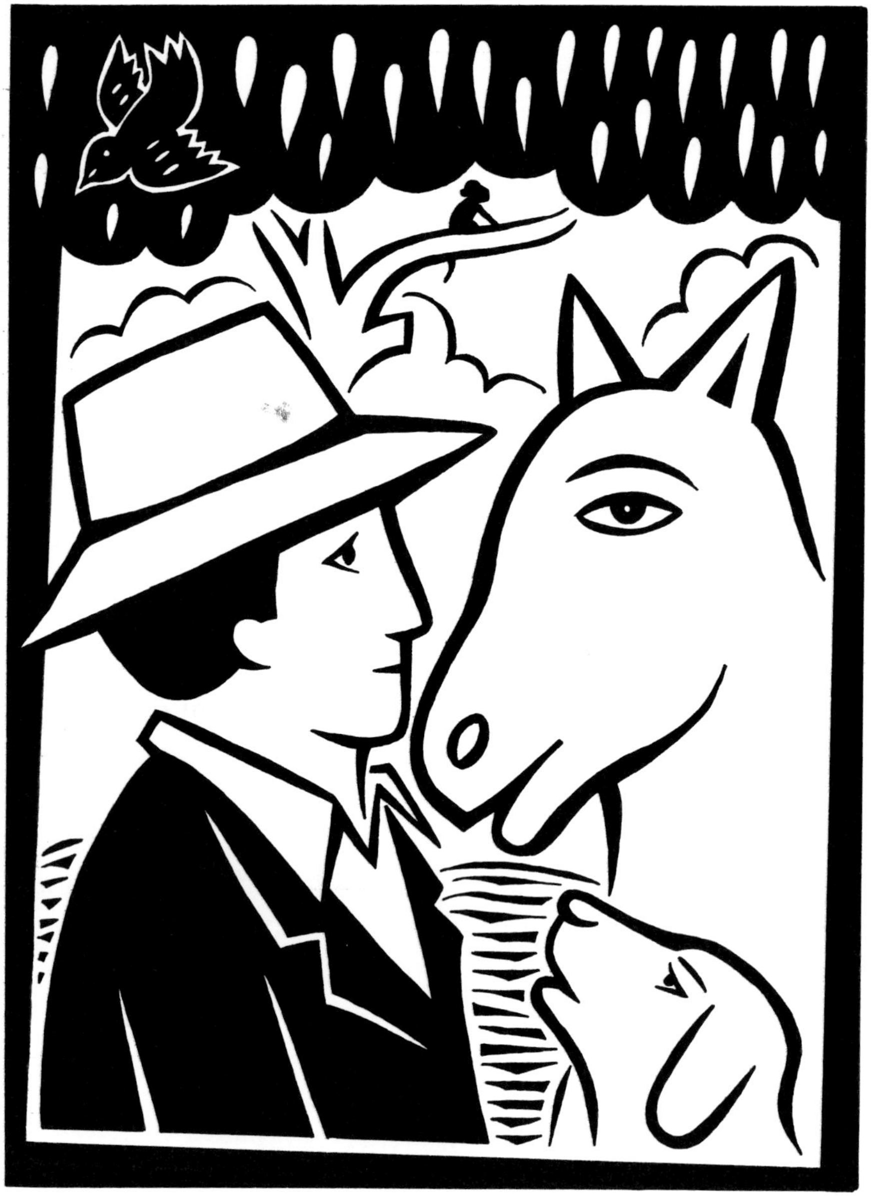

A MACACADA E O CAVALO PANGARÉ

Aquele fazendeiro andava louco da vida. Tudo por causa de uns macacos que viviam roubando milho do milharal.

A macacada aparecia de repente, pulava para cá e para lá, ria, gritava, guinchava e comia o milho inteirinho.

O fazendeiro mandou fazer espantalho. A macacada nem ligou.

O fazendeiro mandou botar cachorro bravo. O milharal era muito grande. Não adiantou.

O fazendeiro subiu o arame farpado, montou armadilha e até tentou dar tiro de espingarda.

Nada deu certo.

Quando o homem já estava ficando desanimado, apareceu um cavalo pangaré e disse:

— Sei como dar um jeito nessa macacada.

O fazendeiro ficou interessado. O pangaré tinha uma proposta. Prometeu espantar os macacos para sempre, mas, em compensação, queria ficar livre do trabalho e ainda receber ração pelo resto da vida.

O fazendeiro acendeu o charuto, mediu os prós e os contras, pensou um pouco e aceitou.

Na manhã seguinte, logo cedinho, o cavalo pangaré foi para o milharal e deitou-se no meio do caminho. Ficou lá, duro, de língua de fora, as quatro pernas esticadas, fingindo que tinha morrido.

Não demorou muito, escutou uma algazarra. Era a macacada chegando.

O chefe dos macacos vinha na frente. Tudo o que o danado fazia os outros imitavam. O macacão coçava o nariz. A macacada coçava o nariz. O macacão catava carrapato. A macacada catava carrapato. O macacão ficava pendurado pelo rabo. A macacada fazia a mesma coisa.

Quando deu com o pangaré caído na estrada, o macacão levou um susto.

— Bem que eu estava sentindo um cheirinho de coisa podre! — exclamou ele, fazendo careta.

A macacada inteira fez careta.
E o macacão:
— Mas que fedor!
E a macacada:
— Mas que fedor!
O macacão fez cara triste:
— Perdi até o apetite!
A macacada inteira fez cara triste sem apetite.
Um macaco velho perguntou:
— Será que o bicho morreu mesmo?
— Mas é claro! — respondeu o macacão arregalando os olhos. — Onde já se viu cavalo ficar deitado à toa no meio da estrada? Tá na cara que bateu as botas!
E caiu na risada.
A macacada inteira caiu na risada.
O cavalo pangaré só ouvia.
O chefe dos macacos fez cara preocupada:
— Queria tanto comer milho, mas com esse bicho morto catinguento aí não dá!
— Queria tanto comer milho — disse um macaco.
— Mas com esse bicho morto catinguento aí? — perguntou outro.
— Não dá! — exclamou um terceiro.
O macacão gritava:
— Que catinga!
E torcia o nariz.
— Que bodum!
E cuspia no chão.
A macacada fazia tudo igualzinho.
Foi quando o pangaré imitou voz de macaco e disse:
— Melhor levar a carniça pra longe!
Os macacos pensaram que a voz era do chefe. O macacão se achou muito inteligente e ordenou:
— Melhor levar a carniça pra longe!
A macacada agarrou o cavalo, só que cada um puxava para um lado e o corpo do bicho não saía do lugar.

No meio da confusão, o pangaré disse:

— Melhor arranjar cipó e amarrar a carniça!

Os macacos pensaram que a voz era do chefe. O macacão se achou muito inteligente e ordenou:

— Melhor arranjar cipó e amarrar a carniça!

Aconteceu a mesma coisa. A macacada passou o cipó no cavalo, mas cada um puxava para um lado e o bicho não saía do lugar.

No meio da confusão, o pangaré disse:

— Melhor amarrar cada macaco numa ponta de cipó e depois todo mundo puxar para o mesmo lado!

Os macacos pensaram que a voz era do chefe. O macacão se achou muito inteligente e ordenou:

— Melhor amarrar cada macaco numa ponta de cipó e depois todo mundo puxar para o mesmo lado!

O pangaré ainda disse:

— Precisa amarrar bem!

E o macacão disse a mesma coisa.

Quando o cavalo sentiu que todos os macacos estavam presos no cipó, deu um salto no ar, empinou e relinchou. Depois saiu desembestado, pelo meio do matagal, galopando, corcoveando, dando coices e fazendo a macacada amarrada bater em tudo quanto foi tronco e galho e pau e toco.

Dizem que, depois dessa, os macacos nunca mais apareceram no milharal.

Dizem que o cavalo pangaré vive até hoje, tranquilo, sossegado, sempre com aquela pança cheia.

ADIVINHAS

1) O que é, o que é?
Enquanto come ele vive,
Quanto mais come mais corre,
Toda vez que bebe água,
Não tem jeito, sempre morre?

2) O que é, o que é?
Mesmo parada onde estou,
Andam por cima de mim.
Ao mesmo tempo me gostam,
No fim todos vêm pra mim?

3) O que é, o que é?
Gosta de nadar no rio,
Não é peixe e nem tem cara,
É capim sem ser capim,
É vara e nunca foi vara?

4) O que é, o que é?
Separa as coisas do mundo,
Na terra manda e desmanda,
Sobe morro, desce morro,
Vive parada e não anda?

5) O que é, o que é?
Tira a roupa
E mostra os dentes,
Tira os dentes
Mostra o corpo?

6) O que é, o que é?
Tem pé, mas não caminha,
Tem barba, mas não rapa,
Tem olho, mas não vê,
Tem braço e não dá tapa?

7) O que é, o que é?
Anda preso e anda solto,
Em cima está vivo,
No meio está morto,
Embaixo está vivo?

8) O que é, o que é?
A mãe é verde,
A filha encarnada,
A mãe é mansa,
A filha é danada?

9) O que é, o que é?
A família todo dia
Passa a vida trabalhando.
Os filhos quietos na frente
A mãe atrás vai chorando?

10) O que é, o que é?
Quatro na lama,
Dois na cama,
Dois se assopram,
Um se abana?

72

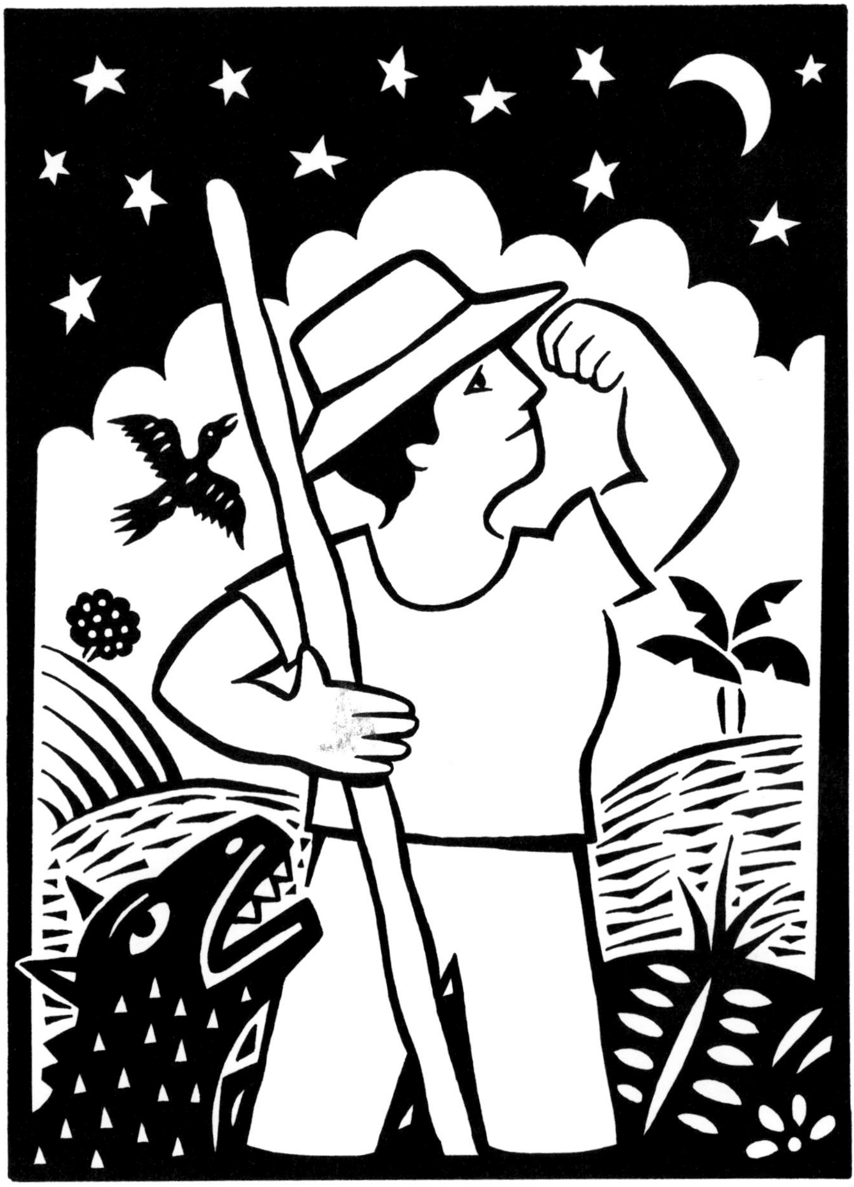

JOÃO FORÇUDO

Um casal não conseguia ter filhos.

Um dia, a mulher engravidou. Foi uma festa. O marido rindo sozinho. A barriga da mulher crescendo cada vez mais. Quando foi a hora, nasceu uma criança tão forte, tão grande, tão descomunal, que logo pegou o apelido de João Forçudo.

Veio uma febre terçã. Os pais de João Forçudo adoeceram e morreram, deixando o coitado desamparado no mundo.

Por sorte, o pai do menino tinha uma burra. Foi ela quem acabou criando e cuidando de João. O menino cresceu bebendo leite de burra.

Vai ver que por isso ficou ainda mais forte.

O tempo passou.

Um belo dia, João Forçudo abraçou a burra. Avisou que ia partir. Queria correr mundo, conhecer lugares e caminhos.

Despediu-se com lágrimas nos olhos.

Durante a viagem, arranjou emprego num país distante e mandou fazer uma bengala de ferro.

O ferreiro fez uma bengala da grossura de um braço.

João deu risada. Pegou a bengala de ferro e a dobrou como se fosse de arame. Admirado, o ferreiro fez outra bengala três vezes mais grossa. Aí João Forçudo gostou.

O patrão achava João um bom trabalhador, mas não aguentava tanto prejuízo. O moço comia dois bois por dia, fora as seis galinhas, os cinco sacos de farinha, os quatro litros de leite e as três melancias.

— Assim não vai dar! — disse ele um dia. E despediu o rapaz.

João Forçudo pensou: "Não faz mal!". Arrumou suas coisas e foi embora. Estava mesmo com vontade de conhecer mais a vida.

Andou, andou, andou e acabou arrumando dois amigos. Um chamava Rola-pau e sabia arrancar árvores com a mão, com raiz e tudo. O outro chamava Rola-pedra e sabia carregar pedras e rochas como se fosse fácil.

— Vamos ganhar a vida juntos? — propôs João Forçudo.

— Vamos! — disseram os dois.

Assim, os três forçudos viajaram e foram parar num lugar muito bonito. Resolveram construir uma casa e ficar por ali.

Todo dia, enquanto dois saíam para caçar, um ficava em casa tomando conta e preparando a comida num tacho de cobre.

Daquela vez ficou o Rola-pau.

Quando o almoço estava quase pronto, apareceu o Bicho-feio rosnando e querendo comer.

O Bicho ameaçou:

— Ou como a comida, ou como você!

Rola-pau tremeu. Subiu no telhado da casa e ficou lá.

O Bicho-feio lambeu os beiços, comeu a comida e foi embora.

Quando João Forçudo e Rola-pedra voltaram, encontraram Rola-pau em cima do telhado e o tacho de cobre vazio.

No outro dia ficou o Rola-pedra.

Quando o almoço estava quase pronto, apareceu o Bicho-feio rosnando e querendo comer.

Rola-pedra enfrentou o Bicho. O Bicho agarrou Rola-pedra. Os dois caíram no chão. O Bicho era muito forte. Rola-pedra sentiu medo, fraquejou e fugiu. Ficou longe, trepado numa árvore. O Bicho-feio lambeu os beiços, comeu a comida e foi embora.

Quando João Forçudo e Rola-pau voltaram, encontraram Rola-pedra no galho da árvore e o tacho de cobre vazio.

Agora era a vez de João.

Quando o almoço estava quase pronto, apareceu o Bicho-feio rosnando. João Forçudo agarrou o Bicho. O Bicho agarrou João. Os dois caíram no chão. O Bicho era muito forte, mas o moço também era. Largou a bengala de ferro no focinho do Bicho, que guinchou de dor e fugiu correndo. João Forçudo gritou:

— Eu pego você! — e foi atrás.

O Bicho-feio entrou no mato, saltou num buraco escuro e sumiu dentro da terra. João Forçudo marcou bem o lugar.

No dia seguinte, trouxe os dois companheiros, o tacho de cobre e uma corda. Entrou no tacho. Pediu aos amigos que soltassem a corda devagarinho. O tacho foi descendo. O buraco era comprido. Foi viagem demorada. O fundo da terra era outro mundo.

João Forçudo saiu do tacho, pegou uma estrada e foi andando. Parou na frente de uma casa. Bateu na porta. Apareceu uma moça bonita. A moça contou que era prisioneira de um monstro.

João Forçudo ficou admirado. Que graça tinha aquela moça! A moça falava do monstro. João escutava uma voz macia. A moça avisava assustada. João cheirava um perfume gostoso.

Mas a moça estava apavorada. Pediu, pelo amor de Deus, que ele fosse embora. Explicou que o monstro matava toda a gente. João balançou os ombros. A moça garantiu:

— Ele é invencível! Quando cansa de lutar, cai de lado, pede pão e vinho, eu levo, ele pega e fica forte de novo!

João coçou a cabeça e fez um plano:

— Se quiser ficar livre, na hora da luta, em vez de dar pão e vinho pro monstro, dê pra mim!

A moça achou a ideia boa.

O monstro era o Bicho-feio.

Quando chegou, a terra parece que tremeu. O céu ficou escuro. João Forçudo escondeu-se atrás da porta. O monstro entrou gemendo e babando:

— Aqui me cheira a sangue humano! Aqui me cheira a sangue humano!

João pulou em cima do Bicho. A luta foi de morte. João dava pancada. O Bicho dava mordida. João esganava. O Bicho unhava. Os dois rolaram no terreno. No fim, os lutadores caíram cansados no chão. A moça trouxe pão e vinho e deu para João. O moço tornou a ficar forte, levantou e deu uma bengalada na cabeça do Bicho-feio, que desmaiou na hora. João cortou a ponta de sua língua e guardou no bolso.

Quando foi conversar com a moça, o Bicho-feio deu um urro e atacou pelas costas. A luta recomeçou. Foi fogo. Era grito. Era rasteira. Era soco. João acertou uma bengalada tão forte que arrancou fora a orelha do monstro. O Bicho guinchou, sangrou, esperneou e xingou. Acabou fugindo com a mão na cabeça. O moço catou a orelha do chão e guardou no bolso.

A moça agora ria de felicidade.

— O Bicho-feio fugiu! Estou livre graças a você! — disse ela. — Por causa disso, quero te dar um presente.

E deu a João Forçudo um anelzinho de ouro carregado de diamantes.

O dia estava bonito. Os dois foram conversando até onde estava o buraco e o tacho de cobre.

João Forçudo colocou a moça no tacho. Mandou Rola-pau e Rola-pedra puxarem. A moça subiu cantando.

João cismou. E se aqueles dois resolvessem acabar com ele para ficar com a moça bonita?

A moça chegou lá no alto. O tacho de cobre desceu de novo.

Em vez de entrar no tacho, João Forçudo colocou uma pedra em seu lugar. Gritou bem alto:

— Podem puxar!

Dito e feito.

O tacho subiu até quase lá em cima. Então Rola-pau e Rola-pedra cortaram a corda e deixaram o tacho cair, espatifando-se no chão.

Depois, agarraram a moça e fugiram.

João Forçudo ficou debaixo da terra, sem saber o que fazer.

Foi quando o Bicho-feio apareceu. Chegou falando atrapalhado por causa da língua cortada:

— Pi dá a pinha opelha!

— Não dou!

O Bicho-feio queria a orelha de qualquer jeito:

— Pi dá a pinha opelha!

O moço desafiou:

— Vem cá levar outra bengalada!

— Pi dá a pinha opelha! — pediu o Bicho. — Oufe pem... eu fou o diapo... posso pirar pocê dapi!

João olhou no olho do diabo. E se fosse verdade?

Resolveu arriscar.

— Me tira primeiro que eu devolvo a orelha depois.

O diabo transformou-se numa árvore esplendorosa. O moço tomou coragem, escalou a árvore, foi de galho em galho e conseguiu chegar do outro lado da terra.

Estava aliviado. Sentou numa pedra para descansar.

O Bicho-feio apareceu na sua frente.

— Pi dá a pinha opelha!

— Só dou se me contar onde a moça bonita está!

O diabo examinou as nuvens. Disse que a moça era filha do rei e tinha voltado para o castelo do pai. Estendeu a mão:

— Apora pi dá a pinha opelha!

João Forçudo disse:

— Só dou se você me levar até o castelo.

O diabo não tinha outro jeito.

Transformou-se num boi preto. Mugiu. Soltou fumaça pelo nariz. Tomando coragem, João Forçudo montou no boi. O animal partiu num galope selvagem.

Foi uma viagem de medo. O boi voava feito um besouro. Acabaram chegando a um castelo todo enfeitado.

João saltou do boi e perguntou o que estava acontecendo. Um homem sorriu:

— Então não sabe? Hoje ninguém trabalha! É dia de festa! A princesa, a filha do rei, vai se casar!

Uma aflição tomou conta de João.

— Com quem?

— Com um tal de Rola-pedra — disse o homem.

João ficou confuso.

O diabo apareceu outra vez em sua frente:
— Pela úlpima pez: pi dá a pinha opelha!
Os olhos do moço estavam duros:
— Só dou se você me levar até o rei!
O Bicho-feio arreganhou os dentes.
João Forçudo apertou a bengala de ferro.
A voz do diabo saiu raivosa:
— Pega a pinha pão!
João Forçudo segurou a mão do beiçudo e fechou os olhos.
Quando foi ver, estava num salão dourado na frente do rei.
Assustado, o monarca levantou-se do trono.
O moço contou sua história.
O rei não queria acreditar.
João tirou do bolso um pedaço da língua do Bicho-feio. Tirou do bolso o anel. Mostrou, para os olhos arregalados do rei, a orelha do diabo.
O rei mandou chamar a filha.
A moça abraçou João e confirmou tudo. Chorou. Disse que Rola-pedra tinha matado Rola-pau para ficar com ela. Confessou que só ia se casar por causa do medo. Rola-pedra tinha feito ameaça de morte.
O rei ordenou que o bandido fosse chicoteado e atirado no fundo da masmorra.
João Forçudo casou-se com a princesa numa festa de arromba.
A orelha do diabo?
O moço devolveu e o Bicho-feio voltou para os quintos dos infernos.

MONSTRENGOS

CAVALINHO-D'ÁGUA

Parece que esse monstrengo é inofensivo, mas bem que assusta também. Dizem que tem o corpo de um cavalo branco muito bonito, com a crina e o rabo dourados, porém vive no fundo dos rios. Pode aparecer de dia ou de noite, tanto faz. Surge nas águas, põe o peito e a cabeça para fora e fica feito um peixe nadando para lá e para cá. Às vezes sai da água, galopa um pouco e depois volta a mergulhar no rio. Muitos garantem que as pegadas do Cavalinho-d'água são meio estranhas porque suas patas são moles. Ainda não se descobriu se esse monstro come capim, carne ou comida de peixe. Conta-se que, de vez em quando, esse ente fabuloso e imprevisível sai do rio, entra no cercado e, ninguém sabe por quê, ataca, morde e dá coices nos cavalos que estão presos e nem fizeram nada.

PÉ DE GARRAFA

Esse monstrengo misterioso vive nas profundezas escuras da mata. Uns dizem que é uma criatura cabeluda de uma perna só, com o pé em forma de fundo de garrafa. Outros afirmam que tem um chifre na cabeça, um olho no rosto, um único braço e uma perna só com o pé redondo. O certo, ao que parece, é que o Pé de garrafa gosta de dar berros e urros dentro do matagal. Muitos acreditam que quem, por azar, responde aos gritos desse estranho ser ouve sua voz chegando cada vez mais perto, fica curioso, não resiste, vai espiar e acaba se perdendo e desaparecendo para sempre nas entranhas selvagens da floresta. O único jeito de vencer essa alma penada monstruosa é acertar um tiro bem no meio de seu umbigo.

BICHO-COME-LÍNGUA

Ninguém sabe direito como é esse perigoso e assustador monstrengo. Dizem que é parecido com um cachorro gigante, mas ninguém tem certeza. Costuma atacar e matar o gado, mas nunca come os animais que mata. Apenas arranca e devora sua língua. Há casos em que esse terrível monstro do mato ataca gente, principalmente mulheres, sempre tirando fora suas pobres línguas. Para alguns, o nome verdadeiro do Bicho-come-língua é Faísca-da-brasa-preta. Afirmam que ele já foi gente e cansou de fazer maldade na vida. Agora, de castigo, vive assim, zanzando feito alma penada, cumprindo sua sina pelas estradas, sempre assustando, arrancando e mastigando a língua de bichos e pessoas inocentes.

82

JOÃO E MARIA

Era uma família muito pobre. Morava numa casinha de um cômodo só, o pai, a mãe e doze filhos. A vida andava tão apertada que um dia o pai, vendo que não tinha mais comida em casa, chamou a mulher e disse:

— Não dá mais pra gente viver assim. João e Maria são nossos filhos mais velhos. Vou pegar os dois e largar no mato.

A mãe chorou de espanto e tristeza, mas para o marido não tinha outro jeito.

— Vou entregar os dois nas mãos do destino, que a gente não está dando conta!

E assim foi.

Com dor no coração, o pai chamou os dois filhos. Enganou-os. Disse que ia com eles no mato pegar mel. Os três andaram muito. O dia estava quente. Cansadas, as crianças resolveram sentar-se um pouco debaixo de uma árvore. Dormiram. Quando acordaram, descobriram que tinham sido abandonadas no meio do matagal.

Foi quando Maria teve uma ideia:

— Melhor subir numa árvore porque aqui tem onça.

Trepados num galho grosso, enxergaram uma fumacinha. Era um casebre no meio do mato. João e Maria decidiram ir até lá.

Acharam uma casa de barro e telhado de sapê. Espiando pela janela, descobriram que ali morava uma velha gigante, corcunda, com o rosto cheio de pipoca, um dente só, nariguda, manca e quase cega. Os dois irmãos ficaram assustados, mas também com água na boca. A tal mulher estava fritando bolinhos de arroz para dar para seu gato.

A velha fritava e cantava assim:

Chipe, chape, meu gatinho
Pera aí mais um pouquinho
Chipe, chape, meu gatinho
Já vai sair seu bolinho!

O perfume dos bolinhos de arroz era simplesmente delicioso.

A janela ficava perto do fogão. Quando a velha virou de lado, João não resistiu e, rápido, roubou dois bolinhos. A mulher estranhou:

— Ué! Cadê aqueles dois bolinhos que estavam aqui?

E continuou fritando e cantando:

Chipe, chape, meu gatinho
Pera aí mais um pouquinho
Chipe, chape, meu gatinho
Já vai sair seu bolinho!

Quando a velha virou de lado, Maria não resistiu e, rápida, roubou mais dois bolinhos. A mulher estranhou:

— Ué! Cadê aqueles dois bolinhos que estavam aqui?

E continuou fritando e cantando:

Chipe, chape, meu gatinho
Pera aí mais um pouquinho
Chipe, chape, meu gatinho
Já vai sair seu bolinho!

Na terceira vez, a velha fingiu que virou, mas não virou. Acabou agarrando João e Maria. Levou-os para dentro de casa. Examinou e apalpou bem os dois. Ficou decepcionada. Achou as crianças magras demais. Por isso prendeu as duas num armário grande e disse:

— Quero vocês bem gordinhos!

É que a tal velha era bruxa e apreciava comer carne de gente, principalmente de crianças.

A bruxa passou a semana inteira dando bolinhos fritos de arroz para João e Maria. No domingo, pediu a eles que mostrassem os dedos. Examinou e cantou:

Chipe, chape, meus netinhos
Já vou fazer mais bolinhos
Chipe, chape, meus netinhos
Quero vocês bem gordinhos!

Presos no armário, João e Maria logo perceberam o plano da bruxa. Maria teve uma ideia. Caçou duas lagartixas e arrancou-lhes os rabos.

No domingo seguinte, quando a bruxa veio ver os dedos, os dois mostraram os rabinhos de lagartixa. A mulher os examinou e cantou:

Chipe, chape, meus netinhos
Já vou fazer mais bolinhos
Chipe, chape, meus netinhos
Quero vocês bem gordinhos!

A bruxa passou a semana inteira dando bolinhos para João e Maria. No domingo seguinte, quando ela veio ver os dedos, os dois mostraram os rabinhos de lagartixa. Mas a velha desconfiou:

Chipe, chape, meus netinhos
Cansei de fazer bolinho
Chipe, chape, meus netinhos
Deixa eu ver bem direitinho!

Abriu o armário, tirou as crianças para fora e descobriu tudo. Fez cara zangada:

— Agora, de castigo, vocês vão passar o dia inteiro catando lenha pra mim!

A bruxa deu um saco de bolinhos de arroz para os dois comerem durante o dia.

— Quero vocês bem gordinhos — disse ela mais uma vez.

João e Maria foram muito tristes. Sabiam que não adiantava fugir. A bruxa tinha poderes mágicos. No fim da tarde, depois de juntarem bastante lenha, sentaram-se para descansar e matar a fome.

Foi quando apareceu uma velhinha mendiga pedindo comida.

João e Maria estavam com fome, mas deram a ela seus bolinhos de arroz. A velha comeu tudo e disse:

— Como vocês foram bons comigo, eu vou ajudar vocês!

E contou que o plano da bruxa era encher o forno com a lenha e acender. Depois, ia mandar João e Maria dançarem em cima do forno. Tudo isso para empurrar os dois irmãos lá para dentro. E a mendiga recomendou:

— Na hora, digam que não sabem dançar e peçam pra bruxa ensinar. Quando ela estiver dançando, vocês jogam a danada pra dentro do forno e fechem bem.

A mendiga explicou que, presa no forno quente, a bruxa ia gritar: "Água, meus netinhos!", e que em vez de água eles deviam jogar azeite e esperar três dias e três noites antes de abrir o forno. E ainda disse mais duas coisas: que das cinzas da bruxa iam nascer três cachorros, Cata-vento, Mão de ferro e Rompe-nuvem. E que debaixo da cama da velha tinha uma espada e um saco cheio de moedas de ouro.

Disse tudo isso, transformou-se numa borboleta azul e desapareceu.

Aconteceu tudo exatamente como a mendiga tinha dito.

A bruxa pediu para os irmãos dançarem, dançou para mostrar como é que era, foi empurrada, ficou presa no forno, pediu água, levou azeite, queimou, assou e, tempos depois, virou três cachorros.

No dia seguinte, logo cedo, João e Maria partiram com os cachorros, o saco de moedas de ouro e a espada.

Graças ao faro dos animais, os dois irmãos conseguiram encontrar o caminho de casa.

Ao ver os filhos de volta, os pais choraram de alegria e arrependimento.

João e Maria contaram tudo o que havia acontecido e deram aos pais o saco de ouro. A alegria foi muita, mas o menino disse:

— Pai e mãe, agora quero sair por aí para conhecer o mundo.

Despediu-se dos pais, da irmã, dos irmãos, chamou Cata-vento, Mão de ferro e Rompe-nuvem e partiu levando a espada.

E andou e subiu e desceu. E desceu e subiu e andou. Sete anos se passaram.

João virou moço. Um dia, estava numa estrada quando encontrou uma moça amarrada num tronco de árvore.

O rapaz tomou um susto. A moça contou que era a princesa, filha do rei. Explicou que naquele reinado vivia um monstro. O tal monstro chamava Bicho-d'água e tinha a sina de devorar uma moça por mês. Se o rei não mandasse prender uma moça, toda última quinta-feira do mês, naquela árvore, na sexta-feira o povo inteiro do reino seria destruído.

A jovem chorou. Disse que muitas moças já tinham morrido e agora a vez dela tinha chegado.

João ficou inconformado.

— Eu vou soltar você — prometeu ele.

A menina não queria.

— Prefiro morrer a ver tudo destruído!

— Nada disso! — respondeu João.

— Mas você garante minha vida e a vida do meu povo?

— Deixa comigo! — disse o moço.

E assim foi.

Com a espada, João cortou as cordas que prendiam a moça. Os dois ficaram por ali conversando e esperando o Bicho-d'água. A noite caiu. João estava cansado. Pediu licença, deitou a cabeça no colo da filha do rei e disse:

— Preciso dormir um pouquinho. Preste atenção. Se o tal bicho aparecer, você me acorda.

Quando deu quinze para a meia-noite, raios e relâmpagos faiscaram no céu, o tempo esfriou e bateu uma ventania de dar medo.

A princesa chamou o moço:

— Acorda, João, que lá vem o bicho!

Foi quando deu uma explosão, veio um cheiro podre de enxofre e apareceu um lagartão imenso com três cabeças, quatro asas e três rabos.

João sentiu medo, mas saltou na frente do Bicho-d'água com a espada na mão. A batalha começou. O moço lutava bem, só que o monstro era forte demais. Quando sentiu que a coisa estava preta, João gritou:

— Me acuda, Cata-vento!

E o cachorro surgiu mordendo as costas do monstro.

Mais adiante, João gritou:

— Me acuda, Mão de ferro!

E o cachorro surgiu mordendo o peito do monstro.

A luta continuou e João, no fim, gritou:

— Me acuda, Rompe-nuvem!

E o cachorro surgiu mordendo as pernas do monstro.

O Bicho-d'água ficou distraído com tanta mordida e dentada.

Era o que João esperava.

Segurou firme a espada e, rápido, cortou as três cabeças do lagartão de uma vez só.

A filha do rei abraçou João.

— Você salvou minha vida! — disse ela. — Quero me casar com você!

Quando João apareceu no castelo trazendo a princesa sã e salva, o rei e a rainha choraram de emoção e alegria.

Os dois contaram tudo o que havia acontecido.

O rei mandou preparar uma festa enorme para comemorar o casamento da filha e a morte do monstro Bicho-d'água.

E os cachorros Cata-vento, Mão de ferro e Rompe-nuvem?

Os três chamaram João de lado, revelaram que sua missão estava cumprida, deram adeus, transformaram-se em três pássaros brancos e desapareceram no horizonte sem fim.

DITADOS

Caititu fora da manada é papa de onça.

Quem atira pedra esconde a mão.

Boi sonso, a cornada é certa.

Quem elogia toco é coruja.

Quem tem burro e anda a pé
ainda mais burro é.

Boi solto se lambe todo;
boi amarrado só lambe a venta.

RECEITAS

BOLINHO DE ARROZ

1 1/2 copo de arroz (de molho de véspera, escorra bem) ou 2 copos de fubá de arroz
1 1/2 copo de açúcar
1 1/2 copo de leite
1/2 copo de óleo
2 ovos
1 pitada de bicarbonato de sódio
1 colher de sopa de fermento em pó
1/2 copo de queijo ou de coco ralado

No liquidificador, bata bem o arroz escorrido e o leite. Junte os outros ingredientes e bata mais. Asse em forminhas untadas até corar.

CHIPA

2 copos de polvilho azedo
1 copo de água
1 copo de óleo
2 ovos
2 colheres de sopa de queijo curado ralado
1 colher de sobremesa rasa de sal
cebolinha bem picada

Bata tudo no liquidificador, menos a cebolinha, que vai por último, e ponha em várias fôrmas de bolo pequenas e untadas com óleo (camada fina, porque cresce bem, formando argolas). Asse por 20 a 25 minutos.

MERENDA DE BANANA

3 xícaras de açúcar (1 na massa; 2 na calda)
3 colheres de sopa de manteiga
3 ovos inteiros
1 xícara de leite
2 1/2 xícaras de farinha de trigo
1 colher de sopa de fermento em pó
6 a 8 bananas-nanicas cortadas de comprido
canela em pó

Massa: misture os ingredientes numa tigela, um a um pela ordem, menos as bananas e a canela. Reserve. Numa fôrma untada de óleo, ponha as 2 xícaras de açúcar e leve ao fogo, mexendo até dourar em calda. Desligue. Distribua logo as bananas sobre a calda, polvilhe canela e cubra com a massa. Leve para assar por uns 45 minutos. Vire em uma bandeja.

SOPA PARAGUAIA

2 cebolas grandes cortadas em cruz
2 colheres de sopa de manteiga
4 espigas grandes de milho verde
1 1/2 xícara de fubá
1 xícara de leite
3 ovos
1 colher de sopa de fermento em pó
1 colher de sopa de sal ou a gosto
1 xícara de queijo picado ou ralado

É uma torta! Cozinhe as cebolas com a manteiga e um pouco de água. Desligue e escorra. Ponha as cebolas no liquidificador e bata junto com o milho e os outros ingredientes, menos o queijo, que vai misturado depois, e não batido. Despeje em assadeira untada e polvilhada com farinha de trigo e leve ao forno moderado por 40 a 45 minutos. Corte em quadradinhos. Pode ser servida quente ou fria. Também se costuma substituir o queijo por outros ingredientes: palmito, sardinha, carne ou frango cozidos e desfiados, queijo e presunto etc.

BOLO MANÉ PELADO

600 g de aipim (mandioca mansa) sem casca
1 xícara de açúcar
100 g de queijo de minas curado ralado
50 g de coco ralado
6 ovos separados
1 xícara de manteiga
1 colher de sopa de fermento em pó

Rale o aipim ou bata aos poucos no liquidificador. Esprema em um guardanapo para eliminar o líquido. Misture bem a massa de mandioca com o açúcar, o queijo e o coco ralados. Junte as gemas, a manteiga e o fermento. Por último, as claras em neve, sem bater muito. Não deixe a massa descansar. Espalhe-a em uma fôrma retangular untada e enfarinhada e leve ao forno por 40 a 45 minutos. Espere esfriar um pouco e corte em quadradinhos. O bolo de aipim, com algumas variações, é feito em todo o Brasil.

REGIÃO NORDESTE

QUADRAS POPULARES

Eu sou cabra perigoso,
Quando pego a perigar,
Mato assim sem fazer sangue,
Engulo sem mastigar.

Cabelo solto é "namoro",
Feito trança é "namorando",
Braço cruzado é "desprezo",
Mão no queixo "está pensando".

Asa-branca quando avoa,
No caminho ela demora.
Eu vim só para te ver,
Como já vi, vou-me embora.

Meu avião de alumínio
Avoa do sul pro norte.
Moça que corta cabelo,
Com essa não tenho sorte.

Menina, se quer ir, vamos,
Não começa a imaginar,
Quem imagina cria medo,
Quem tem medo não vai lá.

Pau-pereira, pau-pereira,
É um pau de opinião.
Todo pau fulora[1] e brota,
Só o pau-pereira não.

---
1. O mesmo que floresce, dá flores.

Não acredito em patranhas²,
Nem como caraminholas,
Não mostro pintura a cego,
Nem pra rico dou esmolas.

Ninguém viu o que eu vi hoje,
Debaixo de um alecrim,
Duas pombinhas cantando
Viva o Senhor do Bonfim.

Minha mãe brigou comigo
Porque namorei meu bem,
Mas, quando ela era solteira,
Namorou meu pai também.

Ai que saudades que eu tenho
Daquela amiga que eu tinha.
A minha rede era dela,
A rede dela era minha.

O tempo pediu ao tempo,
Que desse mais tempo ao tempo.
O tempo disse pro tempo:
Com tempo tudo tem tempo.

Água de cana é cachaça,
Concha pequena é colher,
Língua de velha é desgraça,
Bicho bonito é mulher.

2. O mesmo que mentiras.

94

O SACO CANTADOR

Aquela menina vivia feliz da vida. Morava com o pai e a mãe numa casinha bonita perto de um bananal.

Um dia fazia um calor de rachar. A menina pediu licença à mãe e foi tomar banho de rio. Chegou lá, tirou seu anelzinho e colocou em cima de uma pedra. Ficou nadando, mergulhando e brincando n'água. No fim da tarde, vestiu a roupa e voltou para casa. Foi quando olhou a mão e se lembrou:

— Mãinha, esqueci meu anelzinho na beira do rio!

— Corre lá, filha! Vai buscar depressa que a noite já vem caindo — avisou a mãe.

A menina foi. Em vez do anel, encontrou um homem sentado na pedra. O homem tinha um jeito ruim.

— Que foi? — perguntou ele.

— Vim pegar meu anelzinho.

O homem deu um riso amarelo.

— Que sorte! — disse ele. — Achei seu anelzinho. Tá naquele saco ali no chão. Pode pegar.

A menina foi, agachou-se, enfiou um braço dentro do saco, procurou e disse:

— Não estou achando.

E o homem:

— Põe os dois bracinhos.

A menina enfiou o outro braço, procurou e disse:

— Não estou achando.

E o homem:

— Põe a cabecinha.

A menina enfiou a cabeça, procurou e disse:

— Não estou achando.

E o homem:

— Põe uma perninha.

A menina enfiou uma perna, procurou e disse:

— Não estou achando.

E o homem:

— Põe outra perninha.

Nem bem a menina enfiou a outra perna, o homem correu e prendeu a coitada dentro do saco.

— Agora vou ficar rico! — disse ele.

E explicou:

— Vou sair pelo mundo com você aí dentro. Quando eu mandar você cantar você canta, senão apanha até morrer.

Disse isso, botou o saco nas costas e foi embora. Logo adiante encontrou uma mulher pendurando roupa no varal.

O homem ruim perguntou:

— Quer ver meu saco cantar?

— E saco canta? — quis saber a mulher.

— O meu canta — respondeu o homem. — E pra mostrar cobro dez moedas.

A mulher colocou as mãos na cintura.

— Então faz o saco cantar que eu quero ver!

E o homem:

Ninguém sabe nem conhece
O meu saco cantador
Canta canta, caro amigo,
Mostra logo o seu valor!

E a menina, presa no saco:

O meu canto não é sonho,
O meu canto é de verdade,
Canto um destino tristonho,
Canto a dor de uma saudade!

Era uma voz muito triste e melodiosa. A mulher gostou. Foi em casa buscar o dinheiro, voltou e pagou.

O homem contou as moedas e fez um plano:

— Vou até a fazenda do coronel. É o cabra mais rico do sertão. Vendo a ele o saco cantador e fico nadando em dinheiro!

Disse isso, botou o saco nas costas e foi andando. Logo adiante encontrou um camponês dando ração aos animais.

O homem ruim perguntou:

— Quer ver meu saco cantar?

— E saco canta? — quis saber o camponês.

— O meu canta — respondeu o homem. — E pra mostrar cobro quinze moedas.

O camponês coçou o queixo.

— Então faz o saco cantar que eu quero ver!

E o homem:

> *Ninguém sabe nem conhece*
> *O meu saco cantador*
> *Canta canta, caro amigo,*
> *Mostra logo o seu valor!*

E a menina, presa no saco:

> *Na vida eu tinha de tudo,*
> *Meu tudo virou um nada,*
> *Do nada eu fiz o meu canto,*
> *Canto de dor pela estrada!*

Era uma voz muito triste e melodiosa. O camponês gostou. Foi em casa buscar o dinheiro, voltou e pagou.

O homem ruim ficou mais feliz ainda. E foi andando de casa em casa, fazendo o saco cantar e ganhando muito dinheiro. Acabou chegando justo à casa da menina. Encontrou sua mãe chorando na varanda.

O homem perguntou:

— Quer ver meu saco cantar?

— E saco canta? — quis saber a mulher, enxugando as lágrimas.

— O meu canta — respondeu o homem. — E pra mostrar cobro trinta moedas.

A mulher desconfiou de alguma coisa.

— Então faz o saco cantar que eu quero ver!

E o homem:

> *Ninguém sabe nem conhece*
> *O meu saco cantador*
> *Canta canta, caro amigo,*
> *Mostra logo o seu valor!*

E a menina, presa no saco:

> *Como é triste, como é duro*
> *Viver a vida no escuro.*
> *Como dói e como cansa,*
> *Viver tão sem esperança!*

A mulher levou um susto. Aquela voz triste e melodiosa era de sua filha! Disfarçando a emoção, a mulher disse:
— Moço, espere um pouquinho que vou chamar meu marido. Ele precisa ouvir esse saco cantador.
— Mas tem um porém — disse o homem ruim. — Assim eu cobro de novo.
A mulher nem ouviu. Foi e voltou puxando o marido pelo braço.
— Mostre a ele, moço! Mostre a ele o saco cantador!
E o homem:

> *Ninguém sabe nem conhece*
> *O meu saco cantador*
> *Canta canta, caro amigo,*
> *Mostra logo o seu valor!*

E a menina, presa no saco:

> *Ah meu Deus onde é que eu fui?*
> *Ah meu Deus o que é que eu fiz?*
> *Ah meu Deus como é que eu faço*
> *Pra voltar a ser feliz?*

O homem reconheceu a voz da filha na hora. Disfarçando a raiva, fez um convite:
— Moço, gostei demais do saco cantador. A noite já está escura. Entre em casa pra jantar com a gente.

99

O homem ruim estava com fome. Entrou, jogou o saco num canto, sentou-se à mesa e comeu bastante. O dono da casa abriu uma garrafa de pinga. O convidado entornou a garrafa inteirinha. Mais tarde, bêbado e cheio de sono, deitou na rede e dormiu.

O homem e a mulher foram correndo abrir o saco.

— Filha! Filha querida! — disseram eles, abraçando e beijando a menina.

Foi quando o pai da menina teve uma ideia. Aproveitando que o sujeito estava na rede dormindo, foi para fora e catou tudo quanto foi esterco mole e fresco que encontrou pelo caminho: de boi, de vaca, de cavalo, de égua, de burro, de jegue, de bode, de porco, de cachorro, de gato, de galinha, de pato, de marreco, entre outros bichos. Encheu o saco até a boca e amarrou bem amarrado.

No dia seguinte, logo cedo, o homem ruim agarrou o saco e partiu. Foi direto até a fazenda do coronel, que ficava ali perto.

Encontrou o fazendeiro sentado na varanda, conversando com seus jagunços.

O homem ruim foi chegando e tirando o chapéu.

— Bom dia, meu coronel, o senhor quer ver meu saco cantar?

— E saco canta? — perguntou o coronel, mastigando o charuto.

— O meu canta — respondeu o homem. — E pra mostrar cobro quinhentas moedas.

O fazendeiro desceu da varanda com seus capangas.

— Quinhentas moedas é pouco — disse ele examinando o saco. — Se o danado cantar mesmo eu pago mil moedas de ouro. Mas se não cantar — e aí o coronel fez cara feia — eu enterro você vivo num formigueiro!

A jagunçada caiu na risada.

— Faz o saco cantar que eu quero ver! — mandou o coronel.

E o homem:

Ninguém sabe nem conhece
O meu saco cantador
Canta canta, caro amigo,
Mostra logo o seu valor!

O saco, claro, ficou mudo.

O homem tentou de novo, agora mais alto:

Ninguém sabe nem conhece
O meu saco cantador
Canta canta, caro amigo,
Mostra logo o seu valor!

O saco continuou quieto. O coronel apagou o charuto com a bota. O homem ruim pegou um pedaço de pau e falou para o saco:
— Tô falando sério! Ou canta, ou leva ferro!
E falou com voz ameaçadora:

Ninguém sabe nem conhece
O meu saco cantador

E gritou:

Canta canta, caro amigo,
Mostra logo o seu valor!

O saco não cantou. O sujeito pegou o saco e berrou e bateu e chutou e chacoalhou e espremeu com tanta força que espirrou bosta na cara do coronel e da jagunçada inteira.

Dizem que o tal homem ruim se deu muito mal, mas isso é uma outra história que fica para a próxima vez.

ADIVINHAS

1) O que é, o que é?
Eu estava em minha casa
Veio a corda me pegar.
A casa escapou da corda
Só eu não pude escapar?

2) O que é, o que é?
Anda sempre amarrado,
Só serve se for bem torto,
Vai procurar quem é vivo,
Vive espetado num morto?

3) O que é, o que é?
Dois buraquinhos de olhar,
Janelas boas de ver.
São caixinhas para guardar,
Abrem e fecham sem ranger?

4) O que é, o que é?
É ave, mas não tem bico,
É ave, mas não avoa,
É ave, mas não tem pena,
É ave, mas é pessoa?

5) O que é, o que é?
Dá saudade na barriga,
É um atraso de vida,
Enche o corpo de fraqueza,
Acaba quando há comida?

6) O que é, o que é?
Tem pé, mas não anda,
Tem asa, mas não voa,
Tem comida, mas não come,
Tem água, mas não bebe?

7) O que é, o que é?
Sobe, sobe até o morro,
Desce, desce até o mar.
E, apesar de tanta andança,
Nunca sai do seu lugar?

8) O que é, o que é?
Serve para levar água
De quem é trabalhador,
É planta, nasce no chão,
Deus fez mas não acabou?

9) O que é, o que é?
Tem cabeça, mas não pensa,
Não tem boca, mas tem dente,
Tem barba, mas não é homem,
Seu cheiro pega na gente?

10) O que é, o que é?
Não come, pois não tem boca,
Passa a vida a balançar,
Assim mesmo pesa muito,
Sobe e desce sem parar?

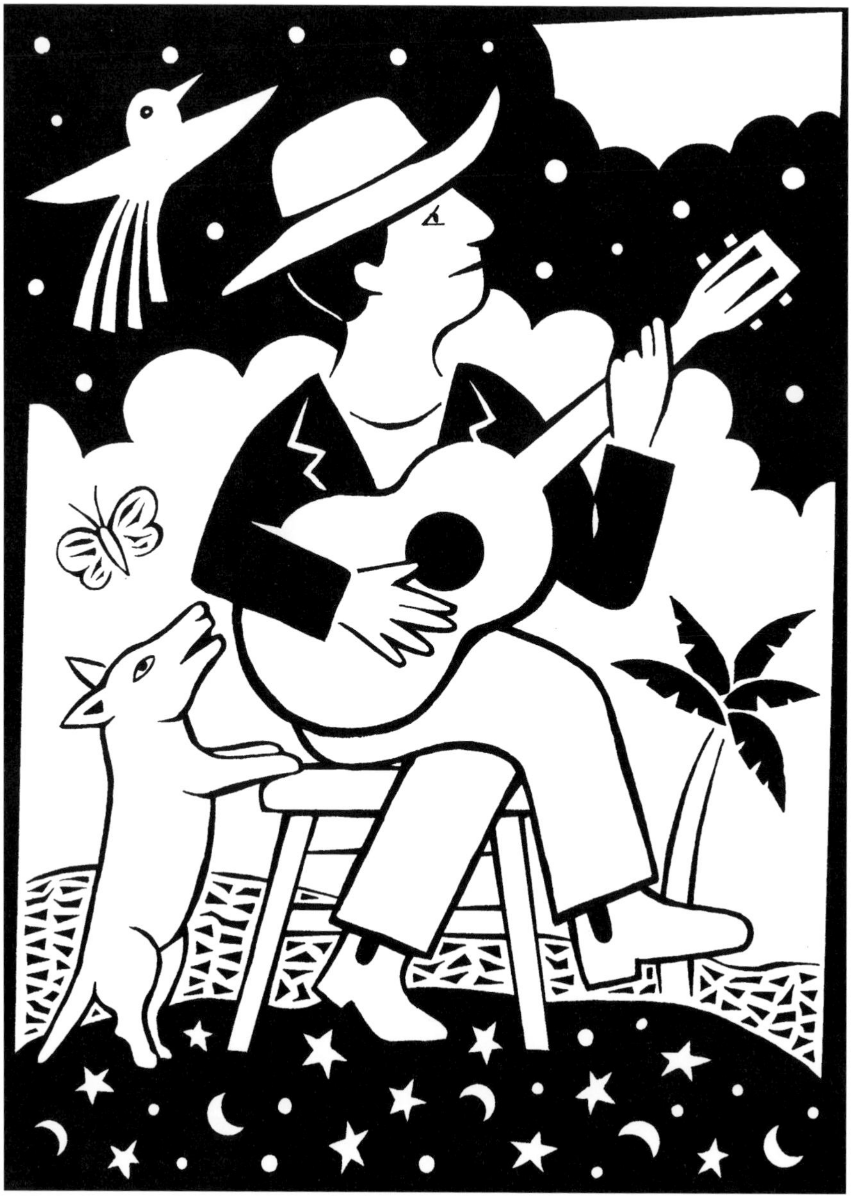

JOÃO CINZENTO

O povo vivia rindo do filho daquela viúva. Diziam que o moleque era preguiçoso. Que não largava da saia da mãe. Que só queria saber de ficar em casa fazendo trabalho de mulher.

— Vai fazer coisa de homem — aconselhavam uns.

— Sai dessa moleza — diziam outros.

Depois de ajudar a mãe nos serviços de casa, o menino gostava de se deitar ao pé do fogo, por isso vivia meio sujo e cheio de fuligem e ganhou o apelido de João Cinzento.

E o povo falava, falava, falava:

— Onde já se viu um cabra andar desmantelado desse jeito?

— Eta moleque danado de esquisito!

— O mimado não larga do pé da mãe!

João Cinzento não ligava nem um pouco.

Quando virou rapaz, procurou a mãe. Contou que pretendia viajar, sair por aí para conhecer mais a vida e o mundo.

A mãe adorava aquele menino, mas sabia que ele tinha razão.

— Vai com Deus! — disse ela abraçando e beijando o filho.

E lá se foi João Cinzento pelo mundo afora. Anda que anda que anda, se meteu numa estradinha de terra perdida no meio do mato e foi dar num casebre.

Encontrou uma mulher chorando, sentada à porta, com seus três filhos. Soluçando, a infeliz explicou que seu marido tinha acabado de morrer. E a mulher disse que estava perdida, que agora não sabia o que fazer, que tinha três filhos pequenos para cuidar e não sabia como. Confessou que sentia medo. Estava sem coragem de enfrentar a vida sozinha.

João Cinzento sentiu pena. Antes de mais nada, ajudou a viúva a enterrar o finado marido. Depois, achou melhor ficar por lá durante alguns dias. E ajudou a mulher a cuidar dos filhos. E ajudou a arrumar a casa. E cozinhou e lavou e passou roupa. A casa ficou um brinco. Além disso, o rapaz puxou conversa. Trocou ideias. Aconselhou. Elogiou. Incentivou. No fim, a mulher se recuperou e ganhou força nova para tocar a vida.

— Não tenho dinheiro — disse ela quando João Cinzento achou que estava na hora de partir —, mas, como forma de agradecimento, dou a você essa viola. Era do meu marido.

A mulher explicou que a viola era mágica.

— Nunca toque esse instrumento na presença de ninguém. Você só deve tocar na praia deserta, na porta de algum cemitério, diante de uma cadeia ou de uma igreja, mas desde que esses lugares estejam desertos.

— Por que isso? — quis saber o moço.

— Não sei! — respondeu a mulher.

Mesmo sem compreender direito a magia daquela viola, João Cinzento agradeceu o presente e seguiu viagem.

Foi que foi que foi e chegou à beira do mar. A praia estava deserta. João resolveu sentar na areia para descansar e tocar um pouquinho.

Coisa esquisita. Milhares de peixes de todos os tipos, tamanhos e cores puseram a cabeça fora d'água para escutar. Mais que isso. Os peixes balançavam a cabeça e as barbatanas acompanhando o ritmo da música!

João Cinzento gostou do que viu e tocou até cansar. Depois, guardou a viola e continuou viagem.

Foi parar na porta de um cemitério. O lugar estava vazio. João sentou-se à beira de um túmulo para descansar. Puxou a violinha encantada e começou a tocar.

Nem bem deu os primeiros acordes, os mortos saíram lentamente dos túmulos e começaram sua dança macabra e silenciosa.

João Cinzento tomou um susto, mas até que gostou. Os esqueletos dançavam acompanhando o som da viola e faziam ritmos com os ossos. E pareciam mansos. E pareciam felizes da vida. Ou felizes da morte.

Quando ficou tarde, o rapaz guardou seu instrumento mágico e seguiu seu caminho. Foi embora quase sem olhar para trás, mas foi satisfeito.

Andou que andou que andou e parou diante de uma cadeia. Por ali, não tinha nem guarda nem sentinela do lado de fora. Dentro do prédio, dava para escutar os prisioneiros chorando, gritando, xingando e brigando.

Acomodado numa pedra, João Cinzento começou a tocar. Conforme o som crescia no ar, os condenados foram ficando em silêncio. Depois, parece que se alegraram. No lugar da gemedeira, surgiram cantorias e risadas cheias de arte e esperança.

Quando sentiu que o povo aprisionado tinha ficado mais calmo, o moço guardou a viola e foi embora. Foi indo e foi escutando o canto alegre e distante do povo condenado.

No fim do caminho, o viajante foi dar numa igreja. A porta estava fechada. O lugar não tinha vivalma.

João Cinzento puxou sua violinha e tocou, tocou, tocou. Num instante, o lugar ficou assim de passarinhos de todas as plumagens, cores e tamanhos. A passarinhada e o violeiro ficaram por lá tocando e cantando juntos até a sombra da noite descer e tomar conta da vida e do mundo.

No dia seguinte, João Cinzento acordou cedo e seguiu viagem.

Chegou a uma lagoa escura arrodeada de areia branca.

Não era mar nem cemitério nem cadeia nem igreja, mas o lugar ali também estava deserto.

No começo, João Cinzento nem sabia tocar direito, mas agora já tinha virado um músico de verdade. Não conseguia passar um dia sem tocar um pouquinho de viola. Sentou-se num tronco de árvore e fez seu instrumento gemer encantado.

Quando foi ver, na água da lagoa surgiu a cabeça de tudo quanto foi sapo, rã, cobra e lagarto. Mas, diferentemente das outras vezes, a bicharada ficou parada dentro da água sem mover um músculo.

O tempo passou. João Cinzento cansou de tocar. Quando foi guardar a viola, um sapo berrou:

— Pera aí, João! Não pare não que a princesa está pra chegar!

— Princesa?

Não demorou muito, do nada apareceu uma carruagem vermelha. Veio puxada por sapos, rãs, cobras e lagartos.

Dentro da carruagem, sentada numa almofada de veludo, tinha uma rã. O bichinho chamou o moço violeiro e pediu com voz aflita:

— Me ajude, João Cinzento!

E a pobre da rãzinha chorou muito. Explicou que era uma princesa encantada. Que estava esperando João faz tempo. Que só poderia ser desencantada por ele e por aquela viola mágica, que fazia aparecer o que estava sumido, viver quem tinha morrido e alegrar quem andava triste e sem esperança.

João pensou: "Não é que é isso mesmo?".

A rã pediu para João Cinzento entrar na carruagem e seguir viagem com ela.

Andaram que andaram que andaram e de novo foram parar na tal igreja. Agora a porta do templo estava aberta.

A rã pediu ao moço que tocasse a viola um pouquinho.

Mal João dedilhou os primeiros acordes, e o lugar ficou cheio de passarinhos. Ao mesmo tempo, os sapos, as rãs, as cobras e os lagartos que cuidavam da rãzinha foram virando cocheiros, criados e cavalos.

Depois, na frente de todo mundo, a rã se transformou numa linda moça. Veio nuinha!

Foi quando o padre apareceu na porta da igreja.

— Minha nossa, cruz-credo!

No começo, o sacerdote ficou espantado com aquela princesa pelada, mas, com jeito, a moça e João explicaram tudo.

O padre mandou trazer uns panos velhos para a moça poder se vestir.

Conversa vai, conversa vem, ela explicou que não estaria ali se não fosse João Cinzento e sua viola. Disse mais: estava muito agradecida e queria se casar com ele.

João gostou da ideia. Tinha achado a moça muito linda. Sorriu. Balançou a cabeça. Disse que sim.

A força do que tem que ser é muito grande.

Cercado dos passarinhos que cantavam, o padre celebrou o casamento da princesa esfarrapada com o moço violeiro sujo de fuligem.

Depois da cerimônia, os noivos se beijaram e a moça pediu para voltar à lagoa onde tinha sido encontrada.

Tudo por ali estava diferente.

A lagoa tinha virado uma cidade cheia de gente. O matagal agora era um jardim perfumoso cercado de plantações. Do alto de um morro, um castelo de pedra tomava conta de tudo.

A princesa segurou as mãos de João e explicou:

— Graças a você, sua arte e sua viola meu mundo foi desencantado. O que estava sumido apareceu. O que tinha morrido ganhou vida. O que estava triste ficou alegre e esperançoso. E completou, com um sorriso nos lábios:

— Este é meu lugar, este é meu povo, aqui eu nasci, sempre morei e é aqui que quero viver com você. Agora tudo o que é meu é seu!

Uma grande festa foi preparada.

João Cinzento mandou chamar sua mãe.

Dizem que a festança durou sete dias e sete noites, e que João Cinzento tocou viola e riu e dançou e cantou e brincou e festejou até dizer chega.

MONSTRENGOS

JOÃO GALAFUZ

É um ser encantado que habita as profundezas do oceano. Surge durante a noite e solta sempre um facho de luz. A aparição de João Galafuz costuma ser sinal de que alguma desgraça vai acontecer: pode ser barco afundado, tempestade de pedra, jangada rachando ao meio, vendaval, gente que vai morrer afogada ou pessoa engolida por peixe. Dizem que esse duende marítimo e luminoso é a alma penada de um pescador que morreu afogado sem ter sido batizado. Vez por outra, o estranho monstrengo sai da água, corre atrás de crianças que estão brincando na praia, pega, coloca num saco e simplesmente desaparece no azul do mar.

VAQUEIRO MISTERIOSO

Dizem que é um vaqueiro fabuloso e silencioso que aparece sem mais nem menos nas fazendas, vestindo chapéu e roupa de couro, sempre montando um cavalo velho. Nunca ninguém viu vaqueiro que nem esse. Sabe cavalgar, sabe amansar, sabe laçar, sabe saltar, sabe ferrar, sabe cercar e dominar o gado como mais ninguém. Depois do serviço feito, recebe o pagamento em silêncio, baixa a cabeça e simplesmente some no ar. Muitos afirmam que o vaqueiro misterioso esconde o rosto porque não quer mostrar seus olhos parados. Outros dizem que o danado é perigoso e consegue se transformar em onça. As más línguas garantem que ele é violeiro dos bons e nunca perdeu um desafio, pois tem pacto com o diabo.

PERNA-CABELUDA

Esse monstrengo é uma perna sem corpo que anda pelo mundo afora correndo sem ter como nem por quê. Ninguém sabe como surgiu; se antes tinha corpo, se é imaginação, fruto de maldição, alma penada, fantasma do além ou tem negócios com o satanás. O que é certo e garantido é que o Perna-cabeluda aprecia correr atrás de mulheres solteiras e desprotegidas. Dizem que costuma aparecer de surpresa em ruas desertas ou nas casas de mulheres solitárias. Entra derrubando a porta e persegue as infelizes dando coices, pernadas e rasteiras. Tem um chulé que assusta qualquer nariz. Após seu ataque incompreensível, essa perna misteriosa sempre foge correndo, soltando gargalhadas e dando pulos assustadores.

112

O VAQUEIRO QUE NUNCA MENTIU

Era um caboclo muito pobre. Vivia num casebre longe de tudo, ele, a mulher e o filho pequeno. O sonho do menino era um dia virar vaqueiro.

— Quero ser um vaqueiro dos bons, pai.
— Mas é trabalho duro, filho.
— Mas eu quero e vou!

E não deu outra. Quando cresceu, o menino, agora moço, procurou pai e mãe.

— Vim pedir a bênção! — disse ele. — Chegou a hora de partir pra cumprir minha sina.

O pai abraçou o filho:
— Vai com Deus.

A mãe beijou o filho:
— Vai com Deus.

O moço montou no jegue e saiu pelo mundo. Passou por estradas. Conheceu lugares. Cruzou serras, sertões e terras muito secas. Quando foi um dia, chegou a uma fazenda e pediu emprego.

A propriedade era de um coronel muito rico, o homem mais poderoso daquela região. O fazendeiro conversou com o rapaz. Estava mesmo precisando de gente para cuidar do gado.

— Tá contratado — disse ele. — A partir de hoje você trabalha com a gente.

O tal fazendeiro tinha uma irmã muito bonita. A moça simpatizou com o vaqueiro novo, mas não disse nada. Só suspirou e espiou com o rabo dos olhos.

O tempo passou.

Certa noite, depois do trabalho, os vaqueiros estavam jogando conversa fora em volta do fogo.

— Nunca menti na vida — disse o vaqueiro novo aos companheiros. — Tenho quase vinte anos de idade, já enfrentei muita coisa, sofri, dei risada, andei pra lá e pra cá, mas mentir, isso eu nunca fiz nem vou fazer.

E completou:

— Se um dia eu mentir, podem me pegar, me matar e jogar no mato pro carcará comer!

Acontece que a irmã do coronel estava passando por ali naquele exato instante. Escutou a conversa do moço e gostou dele mais ainda.

Por causa do diz que diz que, uma pessoa vai e conta para outra, a fala do moço circulou e acabou chegando aos ouvidos do coronel.

O homem deu risada.

— Essa é boa — disse ele. — O cabra é folgado. Diz que não mente, mas mente. Todo mundo mente!

Passou.

Um dia, a irmã do fazendeiro encontrou o vaqueiro no pasto. O moço estava tomando conta do boi Lavradinho, o maior, mais bonito e precioso animal da fazenda inteira. Aquele boi era a menina dos olhos do coronel.

A moça foi franca:

— Vaqueiro, tenho observado você faz tempo. Gosto do seu jeitão.

O moço sorriu encabulado. Confessou que achava a moça a coisa mais doce e bonita que ele já tinha visto na vida.

E assim, conversa para cá, conversa para lá, elogio que vem, elogio que vai, os dois ficaram amigos e logo começaram a namorar escondido.

Não demorou muito, alguém viu o casal se beijando debaixo de um cajueiro e foi correndo avisar o coronel. Furioso, o homem mandou chamar a irmã.

— Que história é essa de você namorar o vaqueiro?
— Gosto muito dele — respondeu a moça.
— Mas ele é um pé-rapado!
— E daí? É pobre, mas é gente boa!
— Que nada! — gritou o coronel. — O cabra está é atrás do seu dinheiro!

A moça garantiu:

— Ele gosta de mim!
— Não gosta!
— Ele disse que gosta!
— Mas não gosta!
— Ele não mente! — gritou ela.

O fazendeiro caiu na gargalhada:

— Quer apostar quanto?

E propôs o seguinte. Que a irmã fosse procurar o vaqueiro e pedisse a ele uma prova de amor: matar e comer a carne do boi Lavradinho.

— Ele sabe o quanto eu aprecio esse bicho — explicou o coronel. — Pode até ser que ele mate o boi pra namorar você, mas não vai ter coragem de confessar. Vai mentir com medo de mim. — E concluiu: — Se o danado matar e falar a verdade, você casa com ele. Agora, se mentir — e aí o coronel mostrou os dentes —, é prova de que é mentiroso e está enganando você por causa de dinheiro. Se for isso — concluiu o fazendeiro —, eu pego e mato ele inteirinho!

A irmã do coronel ficou na dúvida, mas acabou aceitando a aposta.

Na semana seguinte, a moça foi até o pasto, chamou o vaqueiro de lado e perguntou:

— Você gosta de mim?

Os olhos do rapaz ficaram até mais bonitos.

— Gosto demais da conta. Gosto mais do que tudo!

Foi quando a moça fez o que o irmão tinha mandado.

— Quero ter certeza do seu amor. Preciso de uma prova.

— O que você pedir eu faço — garantiu o moço.

E ela:

— Então mate o boi Lavradinho e prepare a carne pra eu comer!

O vaqueiro ficou quase tonto:

— Oxente! O Lavradinho é o melhor boi da fazenda. O Lavradinho é o boi mais famoso e valioso do sertão inteiro. O coronel me mata se eu fizer isso!

Mas a moça queria porque queria. E tanto insistiu e tanto implorou e tanto chorou e tanto soluçou que o vaqueiro puxou a peixeira e, com lágrimas nos olhos, matou o boi ali mesmo.

A moça enxugou os olhos e sorriu. Depois, esperou o vaqueiro cortar e preparar a carne, comeu um pouco e foi embora correndo avisar o coronel.

— O vaqueiro me ama de verdade! — contou ela toda feliz. — Teve coragem de matar o boi Lavradinho por amor!

O coronel fechou a cara e pensou: "Agora eu mato esse cabra da peste!". E disse para a irmã:

— Quero ver se o cabra mente ou não mente!

Mandou chamar o vaqueiro.

O moço pegou o cavalo e foi. Estava assustado. Foi pensando, trotando e imaginando: "Vou dizer ao coronel que o boi Lavradinho quebrou a pata e tive que sacrificá-lo".

— Não digo isso não! — disse ele para si mesmo.

E trotava e pensava e imaginava: "Vou dizer que o boi levou mordida de cobra venenosa".

— Não digo isso não! — disse ele para si mesmo.

E pensando e trotando, foi chegando à sede da fazenda. E ainda imaginou: "Vou dizer que o boi foi atravessar o rio e morreu mordido de piranha".

— Não digo isso não! — disse ele para si mesmo.

Encontrou o coronel, de braços cruzados, parado na varanda.

— E aí, vaqueiro? — perguntou ele. — Diga lá, como vai meu boi campeão? Como vai meu fabuloso Lavradinho?

O moço saltou do cavalo, amarrou o bicho na porteira, tirou o chapéu e confessou:

— Patrão, eu matei o boi Lavradinho!

E contou do seu amor pela irmã do coronel. Falou que era sentimento verdadeiro. Explicou que matou a pedido dela.

— Foi como prova de amor! — disse ele. E completou: — Gosto tanto dessa moça que se pudesse matava o boi de novo e dez vezes!

O coronel ficou admirado.

A moça, que estava atrás da porta ouvindo tudo, apareceu toda risonha.

— Eu disse ou não disse?

E correu para abraçar o vaqueiro.

Para terminar a história, o coronel pagou a aposta, concordou com o casamento da irmã e ainda mandou fazer uma das festas mais bonitas do sertão. Dizem que o vaqueiro que nunca mentiu e a irmã do coronel estão casados e vivem felizes até os dias de hoje.

DITADOS

Enquanto existir bobo, malandro não morre de fome.

Em terra onde não tem carne, espinha de peixe é lombo.

Todo homem gastador encontra amigos demais.

Galinha velha não escolhe minhoca.

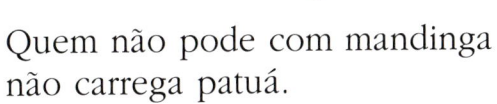

Quem não pode com mandinga não carrega patuá.

Se trabalho desse camisa, jegue não andava nu.

RECEITAS

PUDIM DE COCO

1 pacote de 100 g de coco seco ralado
1 vidrinho de 200 ml de leite de coco
a casca ralada de 1 limão
6 claras
6 colheres de açúcar

Cobertura:
6 gemas
1/2 xícara de açúcar
1 xícara de leite

Misture o leite de coco, o coco ralado, a casca de limão e separe. À parte, bata as claras em neve e, batendo sempre, misture o açúcar. Junte o coco reservado e ponha em fôrma de pudim untada. Asse em banho-maria por uma hora ou mais. Desenforme morno. Cobertura: Bata as gemas com o açúcar, junte o leite e leve ao fogo brando, mexendo até encorpar.

BISCOITO XIRINGA

500 g de polvilho doce (pode ser metade azedo)
1 copo de óleo
1 copo de água
8 ovos (mal batidos inteiros)
1 colher de chá bem cheia de sal
1 colher de chá bem cheia de erva-doce

Ferva a água e o óleo e escalde o polvilho numa bacia. Amasse até ficar liso. Junte o sal, a erva-doce, os ovos e amasse. Ponha num saco plástico com furo e esprema bolinhas ou tiras em assadeiras untadas de manteiga. Asse até crescer e ficar corado. Depois de frio, pode guardar em lata ou plástico.

CUSCUZ BAIANO

250 g de tapioca
3 copos de água fervendo (mais ou menos)
2 xícaras de açúcar
100 g de coco ralado
1 vidrinho de 200 ml de leite de coco
1 colher de café de sal

Escalde a tapioca com a água quente numa tigela, junte os demais ingredientes (só parte do leite de coco) e deixe descansar, mexendo às vezes, por 1 hora. Aí misture o resto do leite de coco e leve à geladeira em pirex.

BOLO PRETO (OU PÉ DE MOLEQUE)

1 kg de aipim (ralar ou bater em liquidificador, aos poucos, e espremer em pano)
1 xícara de farinha de mandioca
1 xícara de farinha de trigo
1 vidrinho de 200 ml de leite de coco e 200 g de coco ralado ou 1 coco ralado inteiro
600 g de rapadura (ou açúcar mascavo) picada e fervida com um pouco de água
2 ovos inteiros
100 g de margarina derretida
4 g de cravo, 4 g de erva-doce (torrados e moídos)
200 g de castanha de caju quebradinha (xerém) torrada e 100 g inteira

Esprema a massa do aipim e retire o líquido. Misture aos outros ingredientes, sendo o xerém por último. Ponha em fôrma untada, enfeite com as castanhas inteiras e leve ao forno quente por 30 a 35 minutos.

COCADA DA VOVÓ

1 coco seco médio ralado
1 lata de leite condensado
2 latas de açúcar

Misture tudo numa panela e leve ao fogo baixo, mexendo até desprender do fundo. Despeje em uma superfície untada, espere esfriar um pouco e corte em quadradinhos.

PÃO DE MANDIOCA

1 colher de sopa de fermento de pão
2 colheres de sopa de leite
4 colheres de sopa de açúcar
2 ovos
4 colheres de sopa de manteiga
1 kg de mandioca-doce cozida e amassada
1 colher de chá de sal
3 copos de farinha de trigo (mais ou menos)

Misture o fermento com o leite, uma colher de açúcar e duas de farinha e deixe crescer. Junte ao resto dos ingredientes a farinha de trigo até o ponto de amassar. Sove bem. Divida em pães, em tabuleiro enfarinhado, e deixe-os crescer, cobertos com um pano. Asse em forno médio. Fica muito gostoso!

REGIÃO NORTE

QUADRAS POPULARES

O tatu tem unha dura,
Pra esfuracar o chão.
O amor também tem unha,
Pra arranhar o coração.

Quanta laranja miúda,
Quanta florzinha no chão,
Quanto sangue derramado,
Por causa dessa paixão.

Te mandei um passarinho,
Patuá miri pupé,
Pintadinho de amarelo,
Iporanga ne inaué.

Garrafão tem fundo chato,
Botija não tem pescoço,
Caranguejo anda pra trás,
Banana não tem caroço.

Jacaré é bicho brabo,
Jacaré sabe nadar,
Jacaré comprou cadeira,
Não tem bunda pra sentar.

Tenho cá por dentro um bicho,
Que me rói constante o peito.
Quanto mais afago o bicho,
Mais o bicho faz efeito.

Lá por trás daquela serra
Tem um pé de melancia,
A menina que eu gostava
Me abraçou como eu queria.

Oriza, cipó-catinga,
Pipirioca, vindicá[1],
O banho de São João,
Perfumando, tira o azar.

La-lá um passo pra lá,
Li-li um passo pra aqui,
Dancemos todos em roda,
Tecendo o tipiti[2].

O sapo é bicho nojento,
De noite, tarde ou manhã,
Mas eu queria ser sapo,
Se você fosse uma rã.

O tatu foi lá na roça,
Toda a roça me comeu.
Plante roça quem quiser,
Que tatu quero ser eu.

As folhas da bananeira
Mexem com o sopro do vento.
Estes teus olhos, menina,
Mexem com meu pensamento.

---

1. Oriza, cipó-catinga, pipirioca e vindicá são ervas e plantas medicinais.
2. Cesto redondo de palha.

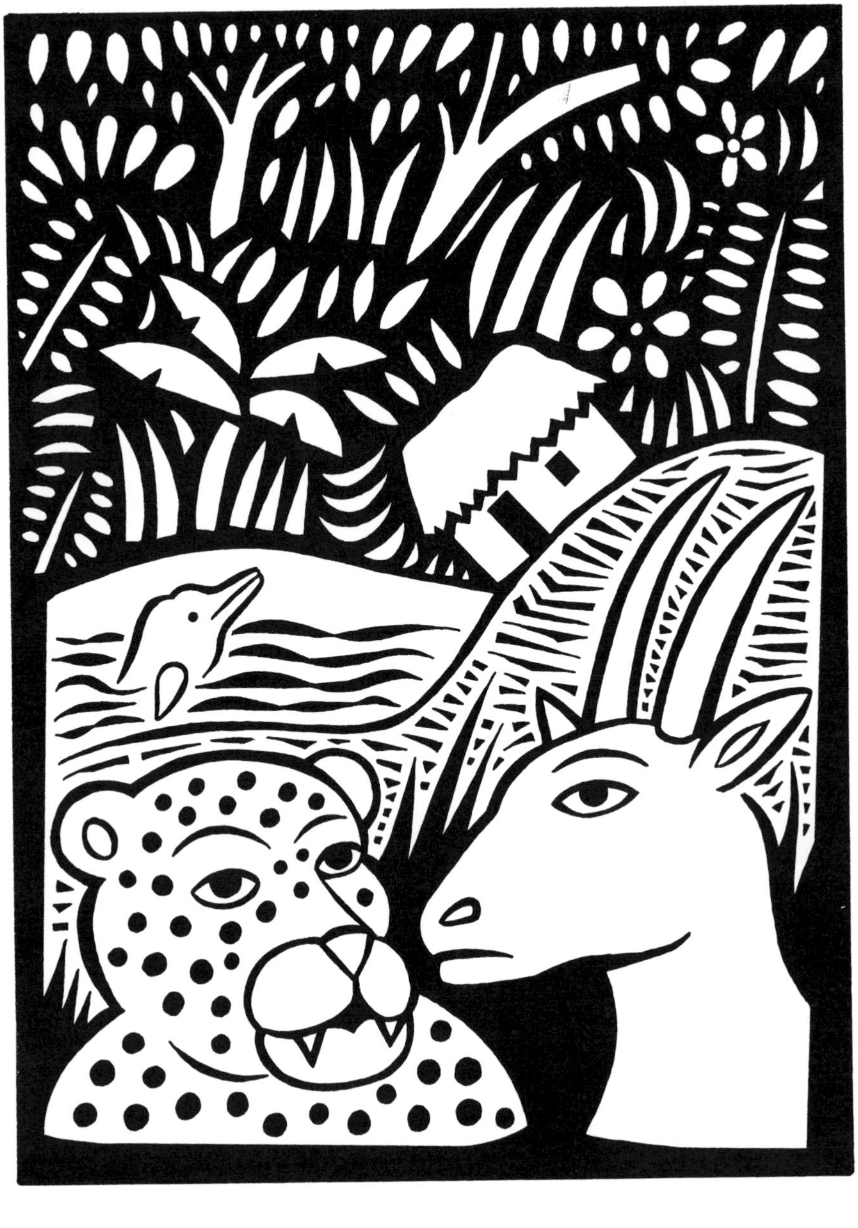

122

A ONÇA E O VEADO

A onça foi ao mato caçar e viu um passarinho preparando seu ninho. A onça achou aquilo bonito e logo teve uma ideia:

— Também vou construir uma casa só pra mim!

Andou, andou, andou, procurou, procurou, procurou e acabou encontrando um bom lugar, perto do rio.

— Vai ser aqui mesmo! — disse a onça toda contente. — Amanhã eu começo!

O veado foi ao mato comer capim e viu um tatu cavando um buraco para fazer sua toca. O veado achou aquilo bonito e logo teve uma ideia:

— Também vou construir uma casa só pra mim!

Andou, andou, andou, procurou, procurou, procurou e acabou encontrando um bom lugar, perto do rio.

— Vai ser aqui mesmo! — disse o veado todo contente. — Amanhã eu começo!

Por coincidência, a onça e o veado escolheram o mesmo lugar para construir sua casa.

Naquela noite, a onça foi lá e arrancou todo o mato que tinha.

No dia seguinte, o veado foi lá e preparou a terra até ficar bem lisinha.

De noite, a onça chegou carregando madeira e ficou muito contente:

— Deus tá me ajudando!

Fez uns buracos no chão e foi embora.

De manhã, o veado chegou carregando madeira e ficou muito contente:

— Deus tá me ajudando!

Começou a enfiar os paus nos buracos para montar a estrutura da casa e foi embora.

Quando, de noite, a onça voltou, deu até risada:

— Deus tá do meu lado!

Terminou as paredes da casa e foi embora.

Quando, de manhã, o veado voltou, até risada deu:

— Deus tá do meu lado!

Terminou de fazer o telhado e foi embora.

Naquela noite, a onça encontrou a casa pronta e mudou-se para lá.
No dia seguinte, o veado apareceu e não gostou. Disse:

— Sai daí que a casa é minha.

— Sua nada! É minha! — respondeu a onça.

Depois de muita discussão, os dois descobriram o que havia acontecido.

— Quer dizer que você fez isso?!

— Quer dizer que você fez aquilo?!

Como a casa era dos dois, a onça e o veado decidiram morar juntos.
A onça ficou com um quarto. O veado ficou com o outro.
Naquela noite, a onça avisou:

— Vou sair e arranjar comida pra gente.

Saiu, matou um veado dos grandes, trouxe para casa, jogou em cima da mesa e mandou:

— Prepare a carne pra gente comer!

O veado ficou desanimado. Botou a carne no fogo, mas na hora de comer explicou que estava sem apetite.

A onça lambeu os beiços e devorou tudo sozinha.

Quando foi no outro dia, o veado avisou:

— Vou sair e arranjar comida pra gente.

Saiu, encontrou-se com o tamanduá-bandeira e mentiu. Contou que a onça tinha falado mal dele.

O tamanduá sentiu raiva. Encontrou uma onça das grandes, pegou de jeito, deu um abraço, apertou, matou e foi embora.

O veado trouxe a onça morta para casa, jogou em cima da mesa e mandou:

— Prepare a carne pra gente comer!

A onça ficou desanimada. Botou a carne no fogo, mas na hora de comer explicou que estava sem apetite.

O veado não come carne, mas lambeu os beiços e fingiu que devorou tudo sozinho.

Aquele dia, os dois foram para a cama mais cedo.

Só que a onça estava assustada. Ficou pensando:

"E se o veado acordar e entrar no quarto e me encontrar dormindo e me atacar e me matar e me comer inteirinha?"

O veado também estava assustado. Ficou pensando:

"E se a onça acordar e entrar no quarto e me encontrar dormindo e me atacar e me matar e me comer inteirinho?"

No meio da noite, uma coruja pousou no telhado da casa e bateu as asas, fazendo um barulhão.

Apavorada, a onça deu um pulo da cama e fugiu correndo.

O veado fez a mesma coisa.

Dizem que a tal casa está vazia até hoje.

Dizem que é por isso que o veado e a onça são inimigos.

ADIVINHAS

1) O que é, o que é?
A onça é nervosa,
A onça é zangada,
A onça é pintada,
Não morde nem nada?

2) O que é, o que é?
Mora no fundo da terra,
Passeia no arvoredo,
Não se assusta com cachorro,
Mas de galinha tem medo?

3) O que é, o que é?
Está na camisa e no paletó,
Está no jardim e lá no pomar,
Dá para vestir, não seja bocó,
Dá para chupar, não vá se enganar?

4) O que é, o que é?
Não é chuveiro, mas molha,
Não tem pé, mas como corre,
Tem leito só que não dorme,
Quando para sempre morre?

5) O que é, o que é?
Coruja tem bico,
Tem pena também,
Mas tem uma coisa
Que ninguém mais tem?

6) O que é, o que é?
Com gente dentro
Carrega a rede
Com o bico n'água,
Morre de sede?

7) O que é, o que é?
É verde, mas não é folha,
É branca e não é papel,
É vermelha e não tem sangue,
É doce, mas não tem mel?

8) O que é, o que é?
É mais verde que folha,
Mas folha não é,
Fala mais do que gente,
Mas gente não é?

9) O que é, o que é?
Cava mais do que tatu,
Voa feito passarinho,
E roncando feito boi
Vai seguindo seu caminho?

10) O que é, o que é?
Essa é muito difícil,
Pra acertar é o diabo.
Qual é o nome do bicho
Que sempre come com o rabo?

128

A MULHER, A ONÇA E O SAPO

Um homem saiu com o filho para caçar no mato. Encontrou um buraco de tatu e disse:

— Amanhã a gente vem pra pegar o tatu.

Atrás da moita, uma onça ouviu tudo.

No dia seguinte, o homem voltou com o filho e começou a cavoucar. Cavou, cavou, cavou, mas nada de encontrar o tatu.

O sol estava cada vez mais forte.

O menino reclamou:

— Pai, vamos embora!

O homem resolveu entrar no buraco.

— Fica esperando aí fora que eu já volto.

Durante a noite, a onça tinha entrado no buraco e matado o tatu. Agora estava lá dentro esperando o homem.

O homem entrou no buraco e foi comido pela onça.

Do lado de fora, o filho esperava, esperava, esperava.

— Pai! Volta logo! — gritou ele. — Pai, tô com fome!

E a onça, lá de dentro:

— Espera um pouquinho!

Mais tarde caiu uma chuvarada. O menino estava cansado.

— Volta, pai! Vamos embora. Tá chovendo!

E a onça, lá de dentro:

— Espera mais um pouquinho!

Quando a chuva passou e a noite caiu, a onça saiu da toca trazendo o tatu. Estava muito escuro. O menino não reconheceu a onça.

A onça pegou o menino no colo e foi embora.

Enquanto isso, os bichos da noite faziam barulho, falavam e conversavam dentro do mato.

A onça conversava também.

No colo da onça, o menino desconfiou: "Nunca vi meu pai falar com bicho antes!".

Pensou, mas ficou quieto.

Quando chegaram à casa do menino, a onça, antes de entrar, mandou:
— Mulher, apaga a luz aí dentro!

A mãe do menino achou estranho, mas cumpriu a ordem do marido.

A onça entrou na casa. Estava com fome. Mandou a mulher preparar o tatu para comer. Disse que depois queria ir para a rede com ela, pois já estava ficando tarde.

O menino chamou a mãe e disse baixinho:
— No caminho, meu pai conversou com cachorro-do-mato, com ariranha, com cobra e com coruja. Pra mim, ele não é meu pai, não!

A mulher também desconfiou do jeito, do cheiro e da voz do marido. "Pra mim é onça que comeu meu marido e agora quer comer a gente!", pensou ela.

E falou em voz alta:
— Espera aí que eu vou até o rio pegar água pra ferver o tatu.

Pegou uma tigela e saiu com o filho. Ficou andando à beira do rio sem saber o que fazer. Encontrou o sapo.

A mulher, então, pediu:
— Sapo, mata a onça que comeu meu marido!

E o sapo:
— Deixa comigo!

A casa do sapo ficava no alto de uma árvore. O sapo mandou a mãe e o filho ficarem escondidos lá em cima.

Mais tarde, a onça chegou:
— Sapo, você viu uma mulher e uma criança passando por aqui?

O sapo gaguejou:
— Eh... bem... não... ah... hum...

A onça estranhou e disse:
— Você está mentindo!

E examinou e farejou e olhou e procurou bem. Acabou descobrindo a mulher e o menino lá no alto.

Naquele tempo, a onça ainda não sabia subir em árvore. Por isso perguntou ao sapo:
— Como é que se faz pra subir lá em cima?

O sapo explicou errado. Disse que o único jeito era subir de cabeça para baixo.

A onça foi até o tronco e subiu, subiu, subiu.

Quando chegou à casa do sapo, não conseguiu fazer nada, pois estava de rabo para cima e cabeça para baixo. Foi quando a mulher pegou um pedaço de pau grosso e encheu a onça de pancada. A pintada queria morder, mas não podia. No fim perdeu o equilíbrio, escorregou, caiu de cabeça no chão e morreu.

O sapo encheu o peito e disse:

— Matei a onça!

E olhou bem para a mulher.

— Agora quero me casar com você!

No começo, a mãe do menino não gostou da ideia, mas no fim aceitou.

Depois do casamento, descobriu que o sapo de dia era sapo, mas à noite se transformava num homem muito bonito.

E assim foi.

De dia, a mulher escondia o sapo numa caixinha de madeira.

De noite, ele saía de lá, os dois jantavam e iam namorar.

A mulher avisou todo mundo.

— Não quero ver gente mexendo nessa caixinha de madeira. É proibido. Ela é só minha e de mais ninguém!

O tempo passou.

Um dia, a mãe do menino precisou ir à roça colher milho e mandioca. Pediu à mãe que varresse um pouco a casa.

A velha chegou, varreu e não resistiu de curiosidade. Foi ver o que tinha dentro da tal caixinha de madeira.

Dizem que, ao ver a velha, o sapo tomou um susto, gritou, saiu pulando e nunca mais voltou.

Quando a mulher chegou com o milho e a mandioca e descobriu a caixa vazia, ficou muito triste.

— Perdi meu amigo que matou a onça. Perdi o homem que de dia era sapo, mas à noite era bonito e namorava comigo!

Enquanto isso, à beira do rio, o sapo, jururu, gemia, chorava e gritava.

MONSTRENGOS

MAPINGUARI

Esse monstrengo é gigantesco e cabeludo, muito forte, tem um olho só, mãos imensas e mata pessoas sem dó nem piedade. Vive nas profundezas da floresta e só ataca de dia. À noite, desaparece para dormir e sonhar na escuridão. É o terror dos caçadores, seringueiros e viajantes que precisam andar dentro do matagal. Dizem que o Mapinguari costuma aparecer de surpresa, berrando e fazendo o pior estardalhaço. No seu corpo não entra bala de garrucha, revólver, espingarda ou fuzil. O único jeito de vencer esse ser encantado e peludo é acertar com um tiro o seu delicado umbigo.

COBRA NORATO

Esse ente sobrenatural é ao mesmo tempo um homem e uma cobra imensa. Ninguém tem certeza, mas dizem que é filho de uma mulher que se casou com um boto. Nas noites de lua cheia, o Cobra Norato, ou Honorato, costuma sair da pele da cobra, vira gente e vai dançar nas festas e bailes das cidades ribeirinhas. Muitos garantem que esse monstrengo encantado é grande dançador, daqueles que sabem deixar as moças suspirando apaixonadas. Sua irmã, porém, é malvada e muito perigosa. Tem como sina inventar desgraças, fazer as embarcações naufragarem e deixar pessoas desaparecerem no matagal ou nas águas escuras do rio. É mais conhecida como Maria Caninana.

MATINTAPEREIRA

  Ninguém sabe direito como o Matintapereira é. Uns dizem que é um pássaro mágico que dá azar e sabe fazer caçadores e viajantes se perderem para sempre na floresta. Outros dizem que alguns feiticeiros índios se transformam nesse pássaro para se disfarçar e fazer seus feitiços. Ou então que esse monstrengo é uma velha vestida de preto com os cabelos caídos no rosto que gosta de assobiar e fazer maldades. Tem gente ainda que acha que o Matintapereira é uma das formas do Saci-pererê, um negrinho mágico de uma perna só que usa um gorro vermelho, vive na floresta, fuma cachimbo e sabe se transformar em pássaro.

136

A MOÇA QUE QUERIA MARIDO

Era uma moça muito bonita e ainda solteira. Um dia ela acordou, pulou da rede e disse:

— Agora chega! Quero um marido pra cuidar de mim!

A moça decidiu que queria se casar com o gavião.

— Ele é grande, forte, bonito e bom caçador. É com ele mesmo que eu quero me casar.

E assim a moça despediu-se da família e foi embora procurar o gavião. Encontrou três caminhos. Decidiu seguir o primeiro.

Andou, andou, andou e, no fim do dia, chegou a uma casa. Tinha uma velha sentada na porta. A moça perguntou:

— Você é a mãe do gavião?

— Sou — respondeu a velha.

E a moça:

— Vim me casar com seu filho.

A velha mandou a moça entrar, mas já foi avisando:

— Cuidado que meu filho é muito zangado. É melhor ficar escondida.

Na verdade, a velha era mãe do gambá.

Mais tarde, o gambá chegou trazendo caça para comer.

Na hora do jantar, a mãe perguntou:

— Se um dia, por acaso, chegasse aqui, para uma visita, uma pessoa de outras terras, o que você faria?

— Eu convidava pra comer com a gente, ué!

A velha, então, chamou a moça.

O gambá achou a moça muito bonita.

Quando o gambá quis namorar, a moça não quis.

— Tá louco! Você é fedido demais!

No dia seguinte, quando foi bem cedinho, a moça bonita pegou e fugiu.

Foi embora procurar o gavião. Encontrou três caminhos. Decidiu seguir o segundo.

Andou, andou, andou e, no fim do dia, chegou a uma casa. Tinha uma velha sentada na porta. A moça perguntou:

— Você é a mãe do gavião?
— Sou — respondeu a velha.
E a moça:
— Vim me casar com seu filho.
A velha mandou a moça entrar, mas já foi avisando:
— Cuidado que meu filho é muito zangado. É melhor ficar escondida.
Na verdade, a velha era mãe do urubu.
Mais tarde, o urubu chegou trazendo caça para comer.
Na hora do jantar, a mãe perguntou:
— Se um dia, por acaso, chegasse aqui, para uma visita, uma pessoa de outras terras, o que você faria?
— Eu convidava pra comer com a gente, ué!
A velha, então, chamou a moça.
O urubu achou a moça muito bonita.
Quando o urubu quis namorar, a moça não quis.
— Tá louco! Você é fedorento demais!
No dia seguinte, quando foi bem cedinho, a moça bonita pegou e fugiu.
Foi embora procurar o gavião. Encontrou três caminhos. Decidiu seguir o terceiro.
Andou, andou, andou e, no fim do dia, chegou a uma casa. Tinha uma velha sentada na porta. A moça perguntou:
— Você é a mãe do gavião?
— Sou — respondeu a velha.
E a moça:
— Vim me casar com seu filho.
A velha mandou a moça entrar, mas já foi avisando:
— Cuidado que meu filho é muito zangado. É melhor ficar escondida.
Na verdade, a velha era mesmo mãe do gavião.
Mais tarde, o gavião chegou trazendo caça para comer.
Na hora do jantar, a mãe perguntou:
— Se um dia, por acaso, chegasse aqui, para uma visita, uma pessoa de outras terras, o que você faria?
— Eu convidava pra comer com a gente, ué!
A velha, então, chamou a moça.

O gavião achou a moça muito bonita.

A moça achou o gavião muito bonito.

Depois do jantar, os dois foram para debaixo de uma árvore conversar e trocar ideias. No fim, começaram a namorar.

No meio do namoro, apareceu o gambá e disse:

— Larga essa moça que ela é minha!

— Sua coisa nenhuma! — respondeu a moça.

— Dá o fora, gambá! — gritou o gavião.

— Larga essa moça que ela é minha! — insistiu o gambá.

— Cai fora! — berrou o gavião.

Os dois bichos acabaram brigando feio. O gambá tomou uma surra daquelas e voltou para casa com o rabo todo estropiado.

Sua mãe ferveu água e fez um curativo. Por causa da água fervida, os pelos do rabo do gambá caíram.

O gavião e a moça continuaram a namorar. No meio do namoro, apareceu o urubu e disse:

— Larga essa moça que ela é minha!
— Sua coisa nenhuma! — respondeu a moça.
— Dá o fora, urubu! — gritou o gavião.
— Larga essa moça que ela é minha! — insistiu o urubu.
— Cai fora! — berrou o gavião.

Os dois bichos acabaram brigando feio. O urubu tomou uma surra daquelas e voltou para casa com a cabeça toda estropiada.

Sua mãe ferveu água e fez um curativo. Por causa da água fervida, as penas da cabeça do urubu caíram.

E foi assim que a moça bonita se casou com o gavião.

E foi assim que o rabo do gambá e a cabeça do urubu ficaram pelados para sempre.

DITADOS

Buraco velho tem cobra dentro.

Em rio com piranha jacaré nada de costas.

Filho de onça já nasce pintado.

Quem foi mordido de cobra tem medo até de minhoca.

Se bico valesse, o tucano era rei.

Quem não sabe nadar bota a culpa no rio.

RECEITAS

BISCOITO DE CASTANHA-DO-PARÁ

250 g de castanha-do-pará (ou de caju)
1 1/2 xícara de maisena
1 1/2 xícara de farinha de trigo
1 xícara de açúcar
200 g de margarina

Rale ou bata no liquidificador as castanhas. Misture todos os ingredientes até formar uma bola. Modele os biscoitos, coloque em tabuleiro enfarinhado, polvilhe com açúcar cristal e asse em forno quente por 20 minutos. Não deixe dourar. Espere esfriar e solte com uma faca. Pode-se também fazer com amendoim.

MUNGUNZÁ

500 g de milho branco de canjica
3 copos de leite
2 vidrinhos de 200 ml de leite de coco
2 copos de açúcar
1 colher de margarina
açúcar e canela em pó para enfeitar

Ponha o milho de molho na véspera. Cozinhe com bastante água, até ficar bem macio. Escorra, junte o leite, o leite de coco, o açúcar, a margarina e, no fogo baixo, misture de vez em quando, até tomar gosto e engrossar. Ponha em travessa funda e enfeite com açúcar e canela. Pode servir quente ou frio.

BOMBOM DE CASTANHA-DO-PARÁ

3 latas de leite condensado
300 g de castanha-do-pará torrada
1 tablete de chocolate

Torre as castanhas no forno, mexendo às vezes para não queimar, e reserve. Leve o leite condensado ao fogo médio, mexendo bem com colher de pau, até apurar e soltar do fundo da panela. Deixe esfriar. Enrole cada castanha com uma camada de doce de leite formando um bombom, que deve secar até o dia seguinte. Derreta o chocolate em fogo baixo, passe o bombom e deixe secar.

PUDIM DE TAPIOCA

1 1/2 xícara de farinha de tapioca granulada
2 xícaras de leite
1 lata de leite condensado
1 vidrinho de 200 ml de leite de coco
1/2 xícara de açúcar
2 colheres de sopa de margarina (derretida)
4 ovos inteiros
1/2 colher de chá de sal

Calda: *1 xícara de açúcar*
1 xícara de café de água

Misture tudo muito bem numa tigela e deixe descansar por 1 hora e meia, mexendo de vez em quando. Despeje em uma fôrma de pudim bem untada de margarina e leve ao forno para assar, em banho-maria, por 1 hora e meia. Desenforme e cubra com a seguinte calda: numa panela, derreta e doure o açúcar. Junte, com cuidado, a água e mexa uns 2 minutos para encorpar. Espere esfriar.

ADELAIDE

1) *3 xícaras de farinha de trigo*
   300 g de manteiga
   1 xícara de açúcar
   3 gemas
2) *1 lata pequena de goiabada*
3) *3 claras batidas em neve*
   6 colheres de açúcar
4) *castanha-do-pará cortada em rodelas*

Bata na batedeira o açúcar e a manteiga. Acrescente as gemas, sempre batendo, e junte, por último, a farinha de trigo. Despeje em tabuleiro untado e enfarinhado, espalhe a massa. Dissolva a goiabada ao fogo com pouca água e coloque em cima da massa. Bata as 3 claras em neve e, sempre batendo, junte as 6 colheres de açúcar, fazendo um suspiro. Espalhe em cima da goiabada. Enfeite com as rodelas de castanha-do-pará e leve ao forno até dourar o suspiro. Retire do forno e corte em quadrados, coloque numa travessa e devore!

RESPOSTAS DAS ADIVINHAS

Sul (página 18)
1) o chapéu
2) o pião
3) o céu, as estrelas, a lua e o sol
4) o fumo
5) a fumaça, a labareda e a brasa
6) o forte, a sorte, o corte e a morte
7) a letra O
8) a meia meia
9) o tatu
10) o lápis

Sudeste (página 42)
1) a perna de gente
2) as penas
3) o passado, o presente e o futuro
4) o botão
5) o bule
6) os dentes
7) a letra R
8) a criança, o homem e o velho (de bengala)
9) o espelho
10) o luto

Centro-Oeste (página 70)
1) o fogo
2) a terra
3) a capivara
4) a cerca
5) o milho
6) a cana-de-açúcar ou a mandioca
7) o cavaleiro, o arreio e o cavalo
8) a pimenta
9) os bois e o carro de boi
10) os cascos, os chifres, as narinas e o rabo do boi

Nordeste (página 102)
1) o mar, a rede, o peixe
2) o anzol
3) os olhos
4) Ave-Maria
5) a fome
6) o coqueiro
7) a estrada
8) a cabaça
9) o alho
10) a balança

Norte (página 126)
1) não morde, pois é pintada na parede
2) a formiga
3) a manga
4) o rio
5) as corujinhas
6) a canoa
7) a melancia
8) o papagaio
9) o besouro
10) todos, pois nenhum tira o rabo pra comer

Colaboradores

Adriano Gomes (RN), Ana Arlinda de Oliveira (MT), Artemísia e Alberto Luís Azevedo (MS), Berenice B. de Mendonça (MG/SP), Biblioteca Pública Municipal Dr. Demétrio Niederauer (RS), Eneida Tremea (RS), Flávia B. Ramos (RS), Frederico Augusto Garcia Fernandes (MS), Gláucia de Souza (RS), Heloísa Bacichette (RS), Jurani Garcia de Carvalho (SP), Lúcia Nelly Kehl (SC), Maria das Graças da Silva Pena (PA), Maria Teresa Piccoli (SC), Marli Tasca (RS), Olga Teodoro Machado (MS), Osvaldo Duarte (MT/RO), Penha Lucilda Silvestre (SP), Regina Maria Azevedo (SP), Sandra Tornquist (RS), Sônia Maria Johansen (MG), Tânia Maria Zardo Tonet (RS).

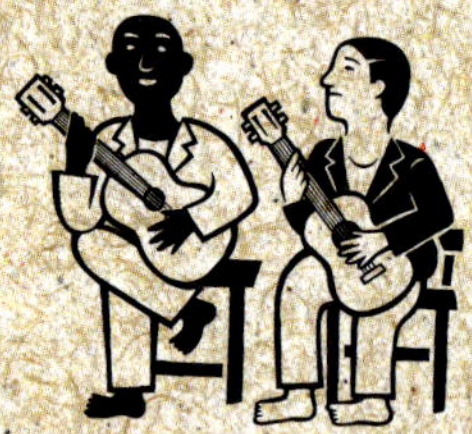